我与东信的菁华故事

信息科学与工程学院
COLLEGE OF INFORMATION SCIENCE AND ENGINEERING

100
1923~2023
东北大学建校100周年
THE 100ᵗʰ ANNIVERSARY OF
NORTHEASTERN UNIVERSITY

主　审◇唐立新
主　编◇武建军　张　威　亓红强
副主编◇郭路佳　李世鹏

1923—2023

东北大学出版社
·沈　阳·

ⓒ 武建军　张　威　亓红强　2023

图书在版编目（CIP）数据

我与东信的菁华故事 / 武建军，张威，亓红强主编
. — 沈阳：东北大学出版社，2023.6
ISBN 978-7-5517-3276-5

Ⅰ.①我… Ⅱ.①武… ②张… ③亓… Ⅲ.①东北大
学信息科学与工程学院—校史 Ⅳ.① G649.283.11

中国国家版本馆 CIP 数据核字（2023）第 104033 号

出 版 者：东北大学出版社
　　　　　地址：沈阳市和平区文化路三号巷 11 号
　　　　　邮编：110819
　　　　　电话：024-83687331（市场部）　83680267（社务部）
　　　　　传真：024-83680180（市场部）　83687332（社务部）
　　　　　网址：http://www.neupress.com
　　　　　E-mail:neuph@neupress.com
印 刷 者：辽宁一诺广告印务有限公司
发 行 者：东北大学出版社
幅面尺寸：170 mm × 240 mm
印　　张：10
字　　数：153 千字
出版时间：2023 年 6 月第 1 版
印刷时间：2023 年 6 月第 1 次印刷
责任编辑：向　阳　汪彤彤
责任校对：孙德海
封面设计：潘正一

ISBN 978-7-5517-3276-5　　　　　　　　　定　价：70.00 元

《我与东信的菁华故事》
编委会

主　审　唐立新

主　编　武建军　张　威　亓红强

副主编　郭路佳　李世鹏

编　委　（以姓氏笔画排序）

王　姝	王玉涛	王建辉	王振强	井元伟
田志芬	宁靖姝	司　维	匡远昭	刘　宇
刘　剑	刘士新	刘鹏霖	李　琳	李昱颖
杨　岑	杨　越	杨东升	杨峻岩	邱　菊
何瑞擎	汪定伟	沈　鹤	宋佳音	罗莉蓉
金　秋	金智贤	周　瀛	周祖闻	郑泽萍
郎自强	赵子达	赵书靓	侯　晶	殷洪义
高立群	黄　敏	黄泰善	满永奎	窦诗语
裴新才	滕　蓉	潘　峰	潘永娴	

序

　　历时一年多的征稿、组稿创作以及修改，在东北大学百年校庆到来之际，东北大学信息科学与工程学院（以下简称东信）编写的特辑《我与东信的菁华故事》终于付梓，将要与关心东信发展的师生校友见面了。

　　"菁华"意指事物最美好的部分。《尚书大传》中《卿云歌》有言："菁华已竭，褰裳去之。"歌颂了舜禅位于禹的功德。几经斟酌，最终确定以"菁华"为题，寄托了对东信人物的景仰与对东信发展历程的珍视，同时是对薪火相传的东信精神的一份宝贵纪念。

　　筚路蓝缕，以启山林。从1923年的电工学系、1949年的电机系、1962年的自动控制系到1996年的信息科学与工程学院，一代代充满理想的东信人在此辛勤耕耘，将青春和热血挥洒在这片生机勃勃的息壤之上。而这片沃土也没有辜负东信人的心血灌溉：1953年创办全国首批工业电气自动化专业、1981年设立国内第一批工业自动化博士点、1990年设立国内第一批检测技术与自动化装置博士点、1998年控制科学与工程成为一级学科博士点、2017年和2022年控制科学与工程两次入选全国"双一流"学科，矢志奋斗的东信人书写了一项又一项辉煌。

　　玉垒浮云变古今。而在东信学习、工作、奋斗过的每一个人，都无法抹去这一特有身份符号的印记，也无法割舍对这一段菁华岁月的怀念。在策划之初，东信面向离退休教师征稿，回顾那些在东北大学的讲台上、科研中和生活里的动人故事与奋斗历史。征稿活动得到了师生、校友和离退休教师的热烈响应，一封封来稿凝聚着师生校友对母校、东信发展的关注之情，也为编写组提供了许多珍贵的历史资料和信息：在精英荟萃（回忆东信人物）篇章中，至亲之人和后学晚辈对郎世俊、杨自厚、张嗣瀛、谢绪恺、刘宗富、周孔章、顾兴源、潘德惠、裴伟民、徐心和、包涤生等11位学术先驱充满感情的回忆，让人从更细微处领略大师的风采；在闪光印记（讲述东信故事）篇章中，亲历者所讲述的峥嵘岁月与奋斗故事也让人念兹在兹、心系神往。这些富有感情的讲述使东信的发展历史变得更加丰富和生动，也让这本《我与东信的菁华故事》变得更有厚度和温度。

述往事，思来者。东信是师生校友共同的成长家园，承载着一代又一代东信人的理想追求。回顾老一辈科学家将青春和热血挥洒在东信热土上的奋斗传奇，传承着"爱国、创新、求实、奉献、协同、育人"的科学家精神，记录着"行胜于言、敢为人先、和而不同、居安思危"的耕耘历程，逐渐形成了东信全体师生敬仰、学习和传承东信文化的良好氛围。

风雨征程，百年荣光，东北大学即将迎来百年华诞。这本《我与东信的菁华故事》既是对东信院史的回顾，也是对东北大学百年校史的注释。巍巍学府，百年砥砺，全体东信人将以此书献礼百年校庆，共同见证东北大学的百年荣光。

编　者
2023 年 1 月

目 录

第二篇章
闪光印记（讲述东信故事）

· 第 一 篇 章 ·

精英荟萃（回忆东信人物）

所谓大学者，非谓有大楼之谓也，有大师之谓也！

在百年东信发展的历史长河中，正是有了众多学术先驱的引领，才成就了东信发展历程中的熠熠星光：他们是开拓者，筚路蓝缕，以启山林，以严谨求实的科学家精神为学科的建设打下基石；他们是传道者，学高为师，身正为范，以潜心育人的师德情怀践行着培养优秀人才的使命。

群星璀璨，大师云集，学科发展的里程碑上镌刻着这些闪耀的名字：郎世俊、杨自厚、张嗣瀛、谢绪恺、刘宗富、周孔章、顾兴源、潘德惠、裴伟民、徐心和、包涤生……他们成就了东信荣耀，也熔铸了东信精神。

怀仰止之心领略大师风采，在历史传承中感受东信的光辉时代……

以砥砺奋进之恒心
创工业控制之事业

——回忆我的父亲郎世俊教授

生平简介

郎世俊（1914—1997），贵州贵定人，我国自动化领域著名科学家、工业自动化教育和科学研究的开拓者、中国自动化学科和自动化学会的创建人之一。郎世俊教授一生致力于发展祖国的自动化事业，参与制定国家《1956—1967年科学技术发展远景规划》，建议创建与发展自动化学科；参与主持开办全国生产过程自动化进修班，为国家培养急需的自动化高层次人才；主持筹建中国科学院北京自动化研究所和沈阳自动化研究所，开展并推广自动化科学研究；在东北工学院主持创办国内最早的工业电气自动化专业，作为首批博士生导师，创建东北工学院工业自动化博士学位授权点，为国家培养了一大批工业自动化专门人才。他将毕生精力投入到自动化科学理论与技术的研究及人才培养工作中，取得了一系列兼具理论意义与工程应用价值的研究成果。为发展我国钢铁工业，他长期深入生产第一线，应用自动化技术解决冶金生产过程中的疑难问题，为我国工业自动化事业的壮大和发展做出了突出贡献。

　　我的父亲郎世俊教授是中国自动化领域的前辈，中国工业自动化教育和科学研究的开拓者、中国自动化学会的创建人之一。我开始记事的时候，就能感到人们对父亲自动化领域前辈地位的认可和尊重，多次听到父亲的朋友和过去在中国自动化学会的同事谈及父亲和钱学森、钱伟长等著名科学家一起创建中国自动化学科的往事，听到父亲的学生讲父亲在讲台上授课时的风采，并为他们曾经是父亲的学生而自豪。在父亲的影响下，我也选择了自动化专业，现在英国谢菲尔德大学自动控制和系统工程系担任教授，从事系统和控制科学领域的教学与科研工作。

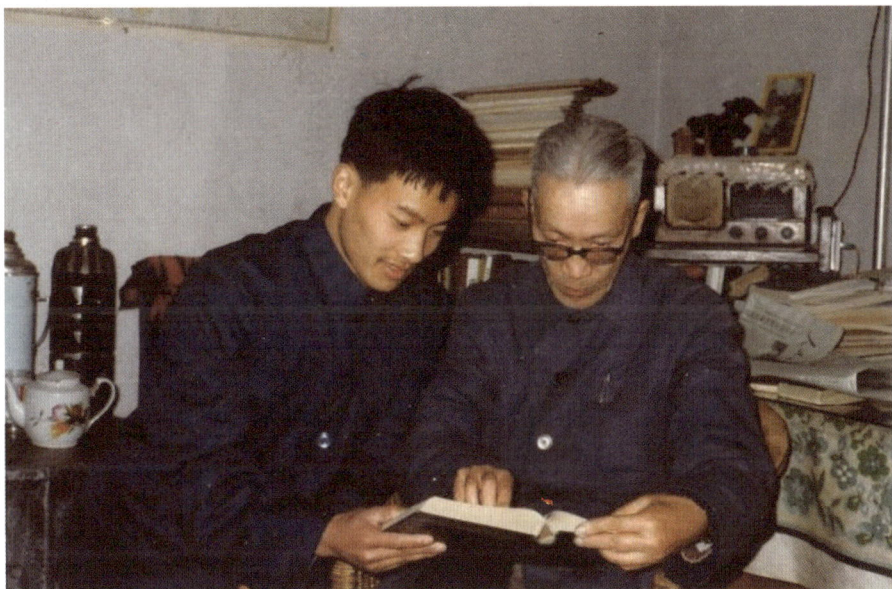

图 1　郎世俊（右）与儿子郎自强在一起

清华园中成长　立志科学救国

　　父亲 1914 年 8 月 31 日出生，祖籍贵州省贵定县。先祖在明代洪武年间由山东入黔后定居贵定，传到父亲已是第十七代。我的曾祖父郎先锦是贵州硕儒、民国初年的社会名流，是讨袁护国名将戴戡将军的恩师和义父。我的祖父郎伯奥，早年曾任贵州省织金县与安顺县县长，有感于西南边陲交通闭塞、经济文化落后，在父亲 16 岁时就鼓励他只身一人经重庆至上海，辗转万里赴北平（今北京市）读书。在北平高中毕业后，父亲于 1935 年考入清华大学电机工程系。七七事变后，北平沦陷，他随清华大学迁至昆明，1939 年毕业于西南联大。在回忆这段往事的时候，父亲经常谈到当年清华园世外桃源般的学习环境，南迁昆明期间清华学子为了复校坚持学习的艰难历程，以及如何在条件简陋却大师云集的西南联大完成清华学业的经历。从恬静的清华园开始，在抗战岁月中坚持完成的大学学业，为父亲后来的自动化教育事业和工程科学研究奠定了坚实的基础。

从西南联大毕业后，父亲和当时的许多青年学子一样，立志科学救国，立即投入到支持前方抗战急需的工程工作中。他先在重庆大渡口钢铁厂负责全厂供水与电气机械设备的安装维修与管理，后考入中国航空公司，在印度加尔各答市丹姆丹机场负责飞机电气设备的检查与维护工作。至今，我还清楚地记得父亲讲述的他在重庆大渡口钢铁厂和印度加尔各答市丹姆丹机场工作时的一些事情。抗战期间，日军对重庆进行了长达五年半的战略轰炸，经常炸坏重庆大渡口钢铁厂的供水系统。父亲说敌机轰炸的防空警报刚结束，他就带着工程队抢修被破坏的供水系统，确保前方抗战急需的钢铁生产能继续进行。抗战时期，飞越喜马拉雅山脉连接中国和印度的驼峰航线，对战略物资的运输和抗战的胜利有着极其重要的意义。父亲在印度加尔各答市丹姆丹机场工作了一年多。他在气象和地貌环境恶劣、经常发生飞机失事的工作环境中，为保证抗战大后方关键运输线的畅通做出了应有的贡献。

1946 年，父亲离开中国航空公司，来到上海，任上海渝通工程公司工程师，主持中国纺织公司第六厂发电厂的安装工作。一年后，他回到故乡，在贵州大学工学院机电系任副教授。由于学识渊博、讲课认真，他深受学生爱戴，来校仅一年，即晋升教授，时年仅 34 岁。1950 年离开贵州大学时，学生自发请愿挽留。今天，在贵州大学校史馆里，还能看到父亲在贵州大学工作的相关记录。

从 1939 年毕业于西南联大至 1947 年到贵州大学开始高等教育生涯，父亲在工业界耕耘了 8 年，走过了一条比较独特的事业发展道路。这一经历塑造了父亲强调理论联系实际和从工程实践中寻找科研问题答案的科学研究理念。父亲给我讲过一个他发现并解决西门子公司控制电路设计错误的故事，那是父亲在重庆大渡口钢铁厂工作时的事情。当时，该厂购进的西门子公司生产的炼钢电弧炉不能正常工作，按照操作规范和安装图纸检查都没有发现问题，父亲根据他的工程经验和理论知识，仔细观察电弧炉的运行情况，对照图纸分析原因，终于找到并纠正了控制电路设计中的错误，解决了这个难题。这是父亲将理论和实际经验相结合解决工程问题的一个典型例子。

图 2　郎世俊在重庆大渡口钢铁厂

创建控制学科　桃李誉满天下

新中国成立后，为响应国家发展东北重工业基地的号召，父亲于 1950 年携妻带子从西南来到沈阳，参加东北工学院的组建工作。他在电力系任教授，讲授电机设计和交流电机等课程，并从 1955 年起任电力系主任。东北工学院电力系就是后来的东北工学院自动控制系和今天的东北大学信息科学与工程学院的前身。从 1950 年来到东北工学院直至 1987 年退休，父亲在这里工作了 37 年，为我国工业自动化高等教育事业的发展做出了突出的贡献。父亲在 1953 年主持创办了国内最早的工业电气自动化专业。1955 年，该专业首批学生毕业，成为我国自动化专业第一批毕业生。在他执教的 30 多年中，该专业共为国家培养了 4000 多名自动化专门人才，这些人才在我国各条战线上发挥了巨大的作用。1981 年，父亲作为全国首批博士生导师，在东北工学院创办了工业自动化博士点。至 1987 年，他培养的研究生中有 4 人获博士学位，17 人获硕士学位。他对学生悉心指导，把严谨求实的优良学风及长期积累的知识和经验都传授给学生。这些学生现在大都已成为国内外相关领域的专家。柴天佑院士是父亲最早培养的硕士研究生之一和第一个博士研究生。在柴天佑攻读博士学位期间，我在东北工学院自控系顾兴源教授指导下读硕士，研究工业过程的系统辨识和控制问题，对柴天佑读博期间在多变量系统自适应解耦控制领域取得的一系列卓越成果比较了解。记得当时柴天佑曾经向研究生院的领导介绍，他是如何根据父亲的建议，采用化学元素周期表的科学方法，创造性地提出了一个自适应控制的统一算法。现在回想起来，这正是目前大力倡导的通过学科交叉解决科学挑战的思想。

在为国家大力培养自动化专业人才的同时，父亲还为中国自动化学科的建设做出了重要贡献，是中国自动化学科的创建人之一。1956 年，父亲应邀参加了周恩来总理直接领导的《1956—1967 年科学技术发展远景规划》（简称"十二年科学规划"）的制定工作，同钱伟长、朱物华等科学家一起提出了在我国创建发展自动化学科的建议，起草了自动化任务说明书，并亲自编写了生产过程自动化中心问题说明书。从此，自动化技术在国家"十二年科学规划"中被列为科学技术研究的重点，在我国蓬勃地发展起来。1957 年，根据周恩来总理的指示，采取培养自动化人才的紧急措施，父亲受教育部委托，在清华大学开办了我国第一个自动化进修班——全国生产过程自动化进修班，为国家培养急需的自动化高层次人才。这个进修班的性质相当于今天的研究生班，共有 99 名学员，他们分别来自全国各工矿企业、科研单位及大专院校。父亲为自动化进修班制订了一个 60 周的教学计划，学员通过一年半的紧张学习，掌握了自动化的基础理论和技术，在我国工业自动化事业的发展中起到了中流砥柱的作用。今天，我国不少知名的自动化领域的专家学者都是这个进修班的学员。

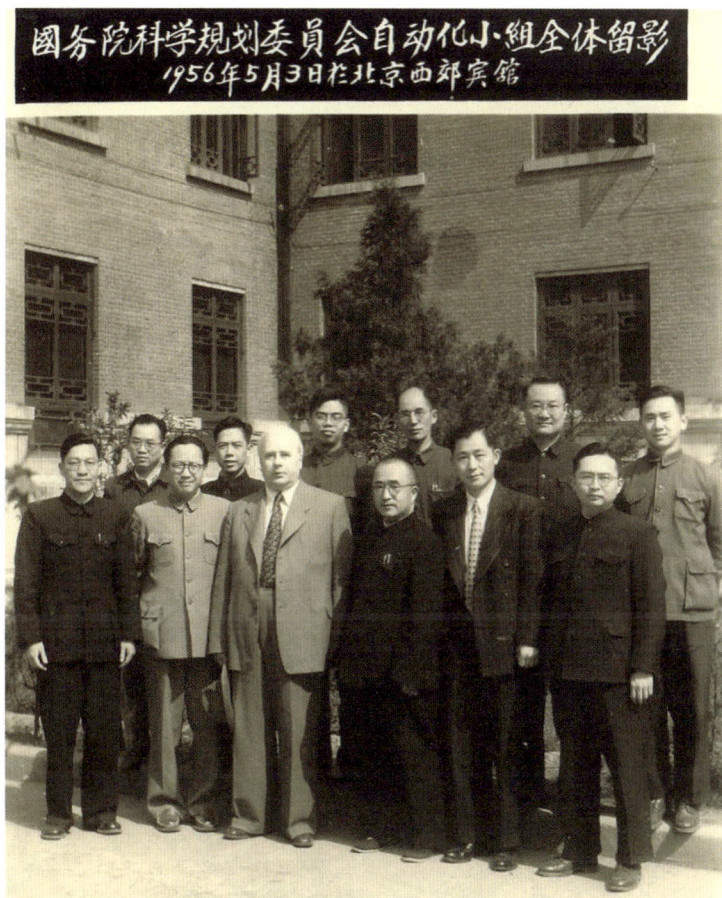

图 3　郎世俊（前排左一）和钱伟长（前排左二）等科学家在一起

为发展我国自动化学科，父亲还分别于 1956 年和 1959 年作为主要负责人之一参与组建了中国科学院北京自动化研究所和沈阳自动化研究所。如今，北京、沈阳两个自动化研究所已成为我国自动化领域里最有影响的研究机构之二。另外，父亲还于 1957 年 5 月和钱学森、沈尚贤、钟士模、陆元九等共同发起成立中国自动化学会，是中国自动化学会的主要创始人之一。父亲参与了创建中国自动化学科的大量工作和活动，在 20 世纪 50 年代就是国内知名的自动化科学家。直到今天，一些老一辈自动化学者谈起父亲时，仍然记得父亲当年在中国自动化领域中的影响和对中国自动化学科发展的贡献。

开环闭环结合　创新控制最优

控制科学和控制工程研究是父亲在东北工学院 37 年学术生涯中的重要内容。由于有 8 年工业界的工作经历，父亲经常深入生产第一线了解工程实际需要，在此基础上，提炼出亟待解决的工程科学问题开展研究。1957年，父亲在多家冶金企业调研中发现，轧钢机、龙门刨、锯钢机等频繁启动、加速、制动、转向的生产机械，由于电力拖动系统的过渡过程时间过长，所以生产效率低、原材料浪费严重。为解决这个难题，他带领一个科研组开始从事加快电力拖动系统过渡过程的研究。

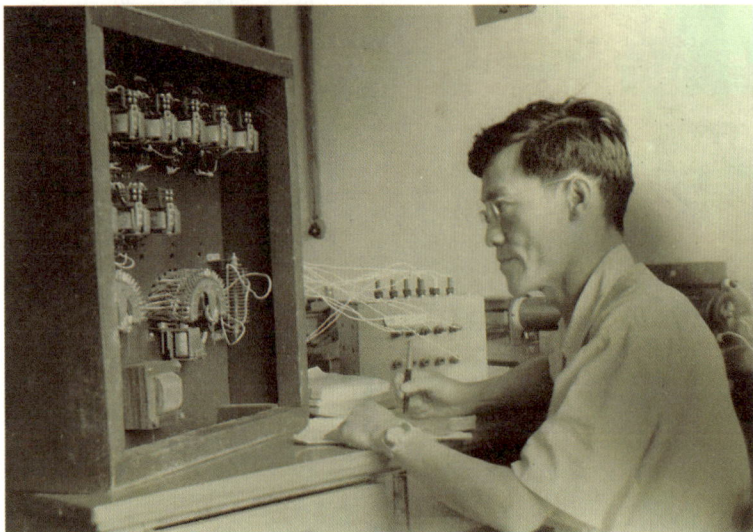

图 4　郎世俊在实验室做实验

当时，以庞特里雅金的极大值原理为代表的现代控制理论尚处在萌芽状态，最优控制的工程实现更没有先例可循。父亲根据他对电力拖动系统的过渡过程和最优控制思想的深刻理解，以取得最优的控制效果为目标，提出了开环闭环结合加快电力拖动系统过渡过程的全新思想。该新思想的实质是将经典控制理论中的闭环反馈调解和开环前馈控制相结合，在保证控制精度的同时，应用最优控制原则，实现过渡过程时间最短的目标。为此，父亲还提出在经典闭环控制回路中引入函数发生器，在当时只能采用模拟电子电路完成控制任务的条件下，创新性地实现了最优控制功能。1958年，这一开环闭环结合加快电力拖动系统过渡过程的新方法在东北工学院电力拖动实验室试验成功。1959—1960年，父亲带领科研组赴鞍山钢铁公司进行工业试验，历时两年，终于在轧钢过程控制应用中取得了成功。

根据这项研究成果撰写的学术论文《加快自动电力拖动系统过渡过程的新方法》，经中国自动化学会推荐，国际自动控制联合会（IFAC）审查，被选为 IFAC 第一届世界大会的论文。1960 年，父亲去莫斯科参加大会，就该论文做了报告。该论文中提出的新思想和新方法引起了与会者的浓厚兴趣，提问者和发表评论者络绎不绝，讨论十分热烈。会后，苏联《真理报》做了报道，这使我国刚刚起步的自动化事业在世界科学殿堂上崭露头角。许多年后，父亲告诉我，在他之后做报告的学者之一是当时在苏联留学，后来和钱学森先生合著《工程控制论》一书的著名控制科学家，曾任国务委员和国家科委主任的宋健先生。宋健先生在发言中，强调了父亲的工作同当时尚处萌芽状态的现代控制理论的联系，指出了这一创新研究的科学意义。

图 5　郎世俊（左二）在 1960 年 IFAC 大会会场

据父亲后来回忆，IFAC 世界大会后，他对下一步的科研方向有了一系列设想和规划。在父亲留下的文件中，我看到过一篇 20 世纪 60 年代初完成的关于双输入双输出系统前馈抗干扰研究的文章手稿，这应该是父亲在IFAC 大会报告工作的基础上进行的一项更深入的研究工作。可惜，这些设想和规划后来被迫中断。

改革开放后，国家迎来了科技发展的春天。虽然父亲不幸患上帕金森病，说话、行走、书写均有困难，但是他仍然在顽强的工作精神的支持下，带领研究团队重新投身到控制科学的研究中。20 世纪 80 年代初，计算机技术的发展为生产过程自动化开辟了广阔的天地。父亲看准了这个自动化发展方向，带领研究团队用计算机实现了开环闭环结合加快电力拖动系统过渡过程，并将成果应用于本溪钢铁公司轧板厂的工业实验中，取得了显著的控制效果。之后，又在国内率先开展了自适应控制研究，在多输入多输出系统前馈解

图 6　郎世俊（中）和顾兴源、柴天佑在一起

耦自适应控制、非线性系统自适应控制、时变系统自适应控制、输入输出个数不等的复杂多变量系统自适应控制等领域取得了一系列国际领先的研究成果。

父亲经常和我说，在他一生的科学研究中，有三个"结合"：一是"理论和实际相结合"；二是"开环和闭环相结合"；三是"经典控制和最优控制相结合"。第一个"结合"是父亲在工程实际中寻找科研挑战的学术研究理念，后两个"结合"是他解决一系列具体学术问题时采用的基本思想。直到今天，这些科学研究理念和控制科学研究思想，对包括我在内的许多受父亲教导过的自动化学者的研究工作仍然有着深刻的影响。

推广工业控制　服务国家建设

从重庆大渡口钢铁厂到东北工学院乃至退休之后，父亲与我国的冶金工业结下了不解之缘。自20世纪50年代起，他就经常工作在冶金生产第一线，提出冶金工业要以生产过程自动化为核心，进行技术改造。于是，用新兴的自动化技术解决钢铁生产的疑难问题便成了他下厂工作的主旋律。鞍山钢铁公司、首都钢铁公司、太原钢铁公司、本溪钢铁公司、抚顺钢铁公司都留下了他坚实的足迹，轧钢机旁、炼钢炉前都洒下了他辛勤的汗水。

鞍钢大型轧钢厂切割轧成品的热锯由于过渡过程太慢，严重地影响了生产效率的提高。父亲带领科研组应用开闭环控制的方法，加快了过渡过程，提高了生产效率。鞍钢无缝钢管厂往复式拉钢管的自动小车的反向、加速时间过长，他又带领科研人员一起反复实验，用新的控制方法加快了调整速度。1965年，鞍钢冷轧厂基本建成，并开始试生产。这是我国第一个大型冷轧厂。由于冷轧工艺复杂、技术要求高，所以生产中存在很多困难。当时冷轧生产线基本上全是凭工人手动控制，生产率低，废品率居高不下。父亲带领科研组与几名学生进驻冷轧厂，首先对轧机的关键部分压下系统的自动化进行攻关。他们提出了在原有设备基础上，增设放大器作控制机构的方案。经过实验调整，终于实现了轧机压下的自动化。首战告捷，引起了鞍山钢铁公司领导的高度重视。于是，鞍山钢铁公司与父亲领导的科研组共同组成冷轧厂自动化规划组，经过反复调研，提出了实现钢板焊接自动化、轧机自动化、退火自动化和镀锡自动化等一系列自动化方案。这些方案为日后鞍钢冷轧厂的全面自动化打下了基础。

后来，父亲由于身体原因不能继续下厂工作，但他仍然情系冶金自动化事业。在他主持下，东北工学院自动控制系资料室编辑了《冶金自动化动态简讯》和冶金部情报所主编的《冶金文摘》的自动化部分。这两份科技文摘期刊从1972年至1983年坚持办了12年，为广大冶金自动化工作者在改革开放之前那段时间里掌握世界新技术动向创造了条件。

当前，国际上工程科学研究越来越强调研究成果对国家经济和社会发

展的影响，国内近些年也向科研人员提出了"把论文写在祖国的大地上"的号召。这正是父亲数十年学术生涯中一直坚持倡导，并身体力行、努力实现的目标。

图 7　郎世俊在阅读学术期刊

　　1987 年，父亲退休了。但是他仍然心系祖国的自动化事业，阅读学术期刊，评审博士学位论文，审核学科评议材料，为中国自动化学会和东北大学学术委员会的工作提供咨询。父亲欣喜地看到他领导创建的东北大学工业自动化学科和研究室在他的学生柴天佑带领下，从 20 世纪 80 年代末开始快速发展，创造了一个又一个辉煌。今天，当年的研究室在柴天佑院士领导下，已经发展成为国内领先、国际知名的流程工业综合自动化国家重点实验室，在控制科学和控制工程研究以及推广工业自动化、服务国家经济建设方面都取得了令人瞩目的成就。

　　2017 年 1 月 10 日，我在国内访问讲学期间，应东北大学信息科学与工程学院邀请，为东北大学郎世俊实验班做了一个关于父亲的生平和学术思想的报告。报告会上，郎世俊实验班的学生代表发言，表示要刻苦学习，不辜负老一辈自动化科学家的期望，努力争当 21 世纪的郎世俊，这让我深受感动。

衷心地祝愿郎世俊实验班的学生茁壮成长，早日成为中国自动化事业的新一代接班人。

精神印象

初见郎世俊教授是在 1981 年春天。从仪表教研室主任恩毓田的介绍中，我知道郎老师是一位德高望重的学者，在国内外自动化学界声名赫赫。当时郎老师还在系资料室管资料。每次在资料室都能看到郎老师戴着深度近视眼镜阅读外文杂志，这给刚上大三的我树立了学习的榜样。后来，他成为我研究方向的领航人，在他的启发下，我踏上了单板机的研究之路。在单板机已经被广泛应用于各行各业的今天，我仍会想起郎老师对我的谆谆教诲。他对学科发展动向的把握真的是精准无比，这才是大师的风范！

——汪定伟（东北大学信息科学与工程学院退休教师、自动化仪表
专业 1977 级学生）

我是郎世俊教授 1982 级硕士研究生。郎老师在学术上成果斐然，在言行方面更是严于律己。他经常教导我们"不要管别人如何做，自己要做一名合格的共产党员"。郎老师为人清廉、工作认真，即使在行动不方便的时候，仍让家人用车推着自己上下班。郎老师言传身教，为国家培养了多名优秀人才。

——毛志忠（东北大学信息科学与工程学院教师、自动化专业
1982 级硕士研究生）

郎世俊教授是我攻读硕士学位期间的导师。可以用三个字形容我对恩师的感受："温而厉"。郎老师指导我们做科研工作时特别强调"顶天立地"。他说："所谓顶天，就是在理论上有突破；立地，就是研究工作要能在实际中应用。"郎老师求真务实的科研理念让我终身

13

受益。如果说我的科研工作还有一点成绩的话，那是因为我一直没有忘记恩师的谆谆教诲。

——张殿华（东北大学轧制技术及连轧自动化国家重点实验室

副主任、自动化专业 1978 级学生）

供稿人简介

郎自强，男，贵州贵定人，1962 年 3 月出生于沈阳，郎世俊之子，现任英国谢菲尔德大学自动控制和系统工程系教授。

自强不息创建系统工程学科
厚德载物治学精神源远流长

——回忆我的父亲杨自厚教授

生平简介

杨自厚（1926—2009），湖北钟祥人。1950年8月毕业于武汉大学，被分配到东北工学院任教。1983年晋升为教授。1956年、1975—1979年两次作为冶金部借调专家工作组成员，帮助洛阳铜加工厂和武钢1700工程指挥部建设工作。长期从事自动化和系统工程的教学和科研工作。科研方向为工业企业CIMS环境下的生产计划和生产调度的理论与优化、离散最优化的近似通用算法（模拟退火算法、遗传算法、禁忌搜索算法）的研究，决策支持系统的结构与开发等。

主要研究成果：曾主编《自动控制原理》（冶金工业出版社1980年出版，1987年修订），编著《多指标决策理论与方法》

（东北工学院出版社 1989 年版）。

他曾在国内外期刊和国际著名会议上发表学术论文 120 多篇，有代表性的有：《一类 Boltzmann & Darwin 混合最优策略的收敛特性研究》(《控制理论与应用》1994 年第 5 期)、《炼钢－连铸的最优炉次计划模型与算法》(《东北大学学报（自然科学版）》1996 年第 4 期)。

他主持过多项科研工作。其中，两项获部级科技进步二等奖，三项获省部级科技进步三等奖。曾讲授生产机械电力设备、自动控制系统、自动控制原理、运筹学、最优化方法、多指标决策理论与方法、离散最优化理论与算法、生产排序与方法等课程。曾指导博士研究生 6 人、硕士研究生 34 人。

南州冠冕　高尚情操感染引领东信一代人

我的父亲杨自厚也是我的老师，我更愿意以一个学生的身份谈谈杨老师生前的些许事情。杨老师已经离开我们很多年了，但是在我脑海里，杨老师的很多事就像发生在昨天，是那么记忆犹新。

杨老师生在湖北，祖籍钟祥，1950 年从武汉大学毕业后，被分配到东北工学院（今东北大学）任教。湖北属于南方，他来到天寒地冻的东北，可想而知要克服很多生活上的不便。那时候，他与一起前来报到的许多年轻教师一样，满怀激情地到东北工学院任教。直到杨老师永远地离开我们，他一直没有离开过这片土地。

图 1　生活中的杨自厚

其实，在我们眼里，杨老师是一个普普通通的老实人，他为人善良，对人非常好。就像他的名字一样，"自厚"——严于律己，厚以待人。在工作上，他从无怨言，踏踏实实，任劳任怨；在学术上，他治学严谨，对学生要求非常严格，有时候会因为一个学术观点和学生争论不休，非得把问题弄明白不可。杨老师非常关心他的学生，学生毕业很多年后，他仍不断打听和关心学生的工作和学习，有时候还打电话互通有无，交流学术问题。他的研究生每次谈到他时，都对杨老师既严格要求又和蔼可亲的样子满怀敬意。

图 2　杨自厚（左一）做报告

谈到杨老师的为人，很多学生都为他竖大拇指。20 世纪 70 年代，他几乎每年都带学生到工厂实习，他同学生吃住在一起，一起到现场实习和工作，他主动和工人师傅打成一片，用理论知识帮助工厂解决技术难题，虚心向现场的工程师请教，不摆架子，工人师傅非常尊重他。大家一致认为，杨老师对人坦诚，谦虚谨慎，品德高尚，真正做到了为人师表。1984年，华中工学院系统工程专业硕士研究生汪定伟毕业后，被分配到东北工学院工作，杨自厚老师为自控系争取到汪定伟老师。多年的实践证明，汪定伟老师也用行动践行了"为系统工程学科奉献一生"的承诺。

德高望重　渊博学识孕育芬芳桃李满天下

杨老师做人做事低调内敛，从不居功自傲，他的品格、他的师德及风范，赢得他那一代人的信赖和尊重。在我的记忆中，他每天非常忙，白天上课，晚上备课，书桌前永远有他的背影。他最大的快乐就是看书、学习。他的数学功底好，这对他主持编著当时工科（甚至理工科）院校全国通用教材《自动控制原理》起到了重要作用。当年，在编写《自动控制原理》这本书时，为了培养和锻炼其他年轻教师，他坚持让系里近十名教师参与了这本书的编写工作，每人分一章来写。由于每个人的文风和业务能力都不一样，所以要编辑成稿需要花大量的精力去修改。写过教材的人都知道，当时没有计算机，全靠手写，改了又改，反反复复，一丝不苟。据说，一共改写了十多稿，才得以通过终审。正是因为他们的这种付出和精益求精的严谨治学态度，才有了这么好的精品教材，惠及了我们数十年自动化专业的学生，而且是全国通用，直到2000年。据当年参编的老师讲，杨老师对年轻教师的发展、年轻教师的提升毫无保留，心无杂念地全盘托出并给予扶植，无条件地拿出全部财产为出国教师作担保，在不断提升教师业务能力的同时，建立了一支优秀的师资队伍。

杨老师自20世纪50年代起，从教逾50年，他教过的学生遍布全国。特别是在冶金自动化和信息管理领域，说起"杨自厚"，几乎无人不知、无人不晓。杨老师学识渊博，品德高尚，为人谦和，诲人不倦，深得学生和同行的好评。那个年代，杨老师的很多学生到企业调研，一说起是杨老师的学生，总有人说"我在东工也听过杨老师的课"，或是说"我学自动化用的就是杨老师的书"……在冶金自动界的论证会上，各位专家见到杨老师都频频问候致意，气氛十分和谐。可以说，我的父亲是桃李满天下，开拓了当时冶金自动化系统的一片天空。

图3 杨自厚（前排右二）指导博士论文答辩

图4 系统工程学科组会探讨

2005年5月，我的父亲79岁时，学生为父亲过八十寿诞。那一次，来自全国各地的杨老师的学生和朋友足足有60多人，连大连理工大学的王众托院士也派代表来为父亲祝寿。东北大学校长赫冀成教授出席了杨老师八十寿筵，对杨老师为东北大学以及自动化和系统工程学科所做的贡献给予充分的肯定。会上，杨老师的许多学生回忆了杨老师对他们的教导和帮助，许多发言感人至深。我印象最深的是来自宝钢集团旗下宝信软件的一名杨老师的学生，他来自偏远的农村，在生活和学习上，他得到了杨老师许多帮助，在回忆中，他声泪俱下，让在座的同学和老师无不动容。

国之脊梁　不负时代使命心有家国大情怀

20 世纪 70 年代，国家在湖北武汉投资建设武汉钢铁公司，这是当年国家投资兴建的重点建设项目。其中，"1700 mm 宽带"轧机（大家经常提到的一米七轧机）工程开创了我国大规模引进国外先进轧制技术的先河。1978 年，杨老师、李华天老师、俞馥敏老师三人小组受当时冶金部委派，作为专家前往武汉，对 1700 mm 轧机工程进行安装后的设备资料接收和验收交接，同时协助日方做最后联调和协调工作。他一干就是两年多，期间都没有回过家。据杨老师回忆，当时的现场条件还是很艰苦的，冬无供暖，夏无空调，吃的也远不如家里好，但那时的人就是有一股子干劲，为了争口气，他们把吃苦受累全都抛到脑后。当时，有外国专家断言，这套机器在中国人手里过不了三年将会成为一堆废铁。就为推翻这句话，他们废寝忘食，夜以继日地攻关，有时一个难题需要几天才能解决。这套从日本引进的轧制系统比不得现在的全数字控制系统，整个控制系统是由模拟电子组成的，一套轧制系统可能有上千块电子板控制单元，调试起来特别费劲。日本派过来的专家在调试过程中遇到了很多困难，他们发现中方派出的团队在控制系统和理论认知方面的功底相当过硬，所以，慢慢地愿意和中方接触，并一起分析调试中出现的问题和共同研究解决的对策。这样，经过两年多在现场的摸爬滚打，做到了理论联系实际，解决了许多调试中出现的连日方专家都难以解决的问题，不仅得到了日方专家的认可，也提升了杨老师在控制领域的影响力。难怪在冶金系统，一提到武汉钢铁公司的"一米七轧机"，人们自然而然地会联想到杨自厚老师。其实，不仅在技术方面，在做人方面，杨老师更让人佩服。就拿在武汉钢铁公司调试这件事情来说，当时我奶奶年纪大了，就住在我们家，走前他怕因家庭琐事影响自己的工作，完不成组织交给自己的任务，更为了照顾老人，他和我母亲商量让她停薪在家专门照顾奶奶，这才放心离开，一去就是两年多。他自己回忆，在这期间，他也经常产生回家看望母亲和妻子儿女的想法，但是马上又被强烈的责任感冲淡。因为他知道这是国家花大价钱买来的技术，如果真的像外国专家说的那样用不了三年我们就玩不转，国家的损失就大了。了解他的人都知道，他的家国情怀和为人师表非常令人敬佩。

图 5　杨自厚生活照

学科旗帜　呕心沥血开创系统工程一片天

20 世纪 80 年代初，自动控制向系统化、社会化和复杂化多领域发展，随之带来的是"系统工程"的概念。当时，已有学校设立系统工程学科，而东北工学院还是一片空白。在李华天老师等人建议下，学校决定创立系统工程学科，且一致推荐杨老师作为学科带头人，负责组织和组建学术团队，并成立系统工程教研室。其实，大家都知道，组建一个从无到有的新的学术团队需要时间，且会遇到很多意想不到的困难。一个人可能因为学术方向的改变而改变自己的人生轨迹，甚至无法借助自己之前的学术研究成果搞科研。所谓重搭台，另开戏。杨老师不负重托，接下了这个重担。他先是从自动控制系相关专业物色人才，建立了以杨老师为学术带头人，王梦光教授、郑秉林教授等组成的学术团队，并在 1981 年成立系统工程教研室。在接下来的几年里，他身先士卒，把全部精力都放在了工作上，虚心向其他院校的同行请教，没日没夜地组织大家进行学术交流；他毫无保留地把自己研究的所得、体会与大家分享，使得这个学科迅速赶上国内外发展水平，在短短几年的时间里，先后获得了硕士学位、博士学位授予权，成为国家重点学科，为国家培养了大批优秀人才，唐立新院士就是其中之一。

图 6　杨自厚（后排右二）与系统工程教研室成员合影

图 7　杨自厚（左二）在学术会议上

　　我手头上没有父亲的简历，所以也不知道他具体写过多少教材、发表过多少有价值的论文、得过哪些奖励，我想应该是很多吧！但是这些不重要了。重要的是，他给我们留下的精神财富让我们一生享用不尽。他不仅是大家的好老师、好榜样，也是我的好父亲、我妈妈的好丈夫。我也和大家一样尊敬他、爱他，为有这样的老师而骄傲！

精神印象

杨自厚教授是我国自动控制与系统工程学界的著名学者，是我校系统工程学科的著名教授，为东北大学系统工程学科的发展做出过巨大贡献。他曾任我校自动控制系主任，20世纪80年代初率先创建了我校的系统工程学科，并培养了一大批青年教师和学生。他不仅是我们的旗帜，更是我们的榜样。他的渊博学识和高尚品格引领着我们一代人茁壮成长、蓬勃发展！

——汪定伟（东北大学信息科学与工程学院退休教师、自动化仪表专业1977级学生）

杨自厚教授是我国著名冶金自动化专家，是东北大学工业自动化专业的创始人之一，培养了新中国自动化专业第一届毕业生。20世纪70年代末，杨自厚教授创建了东北工学院系统工程学科。该学科在他的带领下，于2007年成为国家重点学科，为东北大学控制科学与工程一级学科成为首批国家一级重点学科奠定了关键支撑。在科研工作中，他学风严谨、敢于创新，坚持理论联系实际。20世纪90年代，他率先开展了运筹学和人工智能技术在钢铁工业中的应用研究，为推动我国钢铁工业自动化与智能制造发展奠定了坚实基础。杨自厚教授高风亮节、顾全大局，在荣誉面前先人后己，在工作中甘于奉献，为冶金自动化和系统工程领域的理论、实践和人才培养做出了突出的贡献。

——唐立新（中国工程院院士、东北大学副校长、工业自动化专业1984级学生）

杨自厚教授作为系统工程学科的创始人，常与青年教师谈人生与

23

做人。杨先生常说的一句话是："诚实做人，踏实工作。"他也以自己的行动诠释了这8个字的力量。每一门课程、每一次实验、每一个科研课题，他都能站在学科的高度，结合实际需求的难点，对青年教师进行循循善诱的引导，引领系统工程学科的发展。这8个字也成为青年教师圆梦青春、报效祖国、造福人类的有力翅膀。

——黄敏（东北大学信息科学与工程学院教师、自动化仪表专业

1986级学生）

供稿人简介

杨越，女，湖北钟祥人，1959年2月出生，高级工程师，杨自厚之女。

复杂系统　简单人生

——记中国科学院院士张嗣瀛教授

生平简介

张嗣瀛（1925—2019），山东章丘人，我国自动控制专家，冶金与自动化领域教育和科学研究的先行者之一，东北大学教授，全国"五一"劳动奖章获得者。1989年，被评为辽宁省劳动模范、沈阳市特等劳动模范。1990年，被国家教委、国家科委评为"全国高校先进科技工作者"。1997年，当选中国科学院院士。1999年，被评为辽宁省功勋教师。

1949年新中国成立初期，张嗣瀛来到东北工学院任教。在长达半个多世纪的岁月里，他在科学研究领域不懈探索，论著等身；在教书育人岗位上辛勤耕耘，桃李满天下。

他致力于现代控制理论的基础研究和应用研究，在国内最先倡导稳定性、最优控制、微分对策、复杂系统等理论和应用的研究方向，并均有新发现和新成果，对于推动我国控制理论的研究进展起到了不可或缺的作用。

求学之路

图 1　张嗣瀛青少年时期在家乡

1925 年 4 月 27 日，张嗣瀛出生在地处齐鲁腹地名相之乡的寨子村中一个普通农民家庭。文化教育水平不高的父母给张嗣瀛提供了良好的受教育机会。

幼年，张嗣瀛幸遇名师，吴瑞生与李广田两位先生的开蒙，锻炼了张嗣瀛的写作能力。经过辗转山东、天津、四川的中学生活，1944 年 8 月，张嗣瀛考入武汉大学机械系。张嗣瀛报考大学时，只有一个简单的想法，就是选择一个实用的专业，将来为国家做看得见、摸得着的贡献。

在武汉大学，张嗣瀛感受到浓厚的学术氛围，时任武汉大学校长王星拱[①]提倡：大学之道，在于育人；育人之道，在于大师。为此，他殚精竭虑，四处奔波，广揽学者、名师，倡行兼容并包，实行民主办学。在王星拱的不懈努力下，学校集聚了一大批高水平的学者，可谓人才济济、盛极一时。在学者、大师的影响下，张嗣瀛在探寻：这些大师是怎么学成的？

---

① 王星拱（1888—1949），字抚五，安徽怀宁（今安庆）人。著名教育家、化学家、哲学家。早年毕业于英国伦敦帝国理工学院。在英国留学期间，加入中国同盟会欧洲支部，曾参加孙中山领导的反清运动。1916 年获硕士学位，回国后，任北京大学教授、安徽大学校长。后与王世杰、李四光等一起筹建武汉大学，任武汉大学化学系主任、校长。1945 年任中山大学校长。

又是怎么做学问的？我应该怎样去学习他们？在武汉大学，张嗣瀛受到了由这些学者营造的氛围的熏陶，在知识的海洋中尽情地遨游。这为他以后的学术成长奠定了厚重的基础。

在武汉大学学习的第二年，张嗣瀛终于等来了日本投降的消息。1946年秋，张嗣瀛跟随武汉大学迁回珞珈山继续求学。然而，时局并非如学生所期望的那样。日本投降以后，蒋介石发动了全面内战，劳苦大众又一次陷入战火之中。1947年，在中国共产党地下组织领导下，武汉大学的学生举行了声势浩大的"反饥饿、反内战、反迫害"示威游行活动，张嗣瀛也参加了此次游行。6月1日，国民党出动数千军警包围了武汉大学校园，肆意搜捕进步师生，有三名同学惨遭杀害。张嗣瀛目睹了事件的发生，心中留下了深深的伤痛，胸中燃起了熊熊的怒火。

艰苦难忘的求学之路，更加坚定了他学有所成、报效祖国的信念。

科研之路

张嗣瀛在武汉大学获得机械学士学位后，与张禾结为夫妻，在金华英士大学担任助教。但是国统区物价高涨、民不聊生，恰逢东北解放区招聘人才，张嗣瀛便北上辽宁，任职于抚顺矿山工业专门学校。

由于教师资源不足，学校的教师一个人经常要上几门课。在抚顺一年多的时间里，张嗣瀛讲过很多课程，如投影几何、机械制图、理论力学、材料力学等。张嗣瀛不但承接的课程多，而且每门课都讲得深入浅出，受到学生欢迎。

1950年6月6日，是中央人民政府颁令恢复教师节之后的第一个教师节。就在这一天，张嗣瀛被学校评为甲等教师模范。1950年8月，抚顺矿山工业专门学校改称东北工学院抚顺分院。是年底，政府决定撤销东北工学院抚顺分院，将其合并到东北工学院。1951年1月，全体教师及学生从抚顺来到沈阳。此后，张嗣瀛便在东北工学院机械系任教。

张嗣瀛没有甘于稳定的生活，他非常清楚地认识到，一名教师不能只是停留在教材上进行教学。每门课都是一门科学，科学在发展，高等学校

的教师应该提高自身的水平,一定要高于课本才行。从此,以提高自己的教学水平为目的,28 岁的张嗣瀛开始从事科学研究活动。他给自己确定的起步问题就是进一步探索力学中的运动物体稳定性问题。

当时正值新中国成立初期,百废待兴,在学校里进行科学研究还没有得到重视,也很少有人提起要搞科研。学校里搞研究的人很少,也没有环境、条件和氛围。但是张嗣瀛决心向大师看齐,坚持进行科研工作。

张嗣瀛给自己制订计划,对各种书进行分类,由浅入深、系统地分头研读。图书馆借来的书读着不方便,有时间限制,又不能做批注,他就自己买书。有时书店没有他想要的书,他就先预订下来,等书到了赶紧去取。作为讲师的张嗣瀛,收入并不高,但买书的钱却不少,有时竟要花掉一个月工资的大部分。

在教学任务繁重的条件下,张嗣瀛只能自己抽时间坚持学习。张嗣瀛制订了严格的计划,一点一点地看,学习蚂蚁啃骨头的精神,日复一日地坚持。为了给自己加油鼓劲,张嗣瀛给自己做了一个座右铭,写的是:

循序渐进,可登堂奥;涓涓不息,而成江河。

循序渐进,就是遵循科学规律,分层次、有步骤地学习,一点一点的来;可登堂奥是说,这样可以渐入佳境,登堂入室,探索科学的奥秘。涓涓不息,而成江河,就像泉水一样,一点一滴地积累,最终汇集成烟波浩渺的江河。

基于这样坚持不懈的努力,张嗣瀛发表了第一篇学术论文,参加了第一次全国力学大会。

1957 年,张嗣瀛远赴莫斯科大学进修,师从苏联著名科学家契塔耶夫[①],主攻自动控制理论,研究控制系统的稳定性问题,探究李雅普诺夫稳定性理论和方法。两年留学时间,张嗣瀛非常刻苦,既是他最有收获的一段时间,也是他成长最快的时间。对于有限时间区间上的稳定性这一新型的运动稳定性问题,他做了广泛深入的研究,取得了一系列成果。相继在

---

① 契塔耶夫(N. G. Chetaev):喀山学派代表人物之一,苏联著名科学家、莫斯科大学教授、苏联科学院通讯院士,著有《运动的稳定性》。

苏联科学院学报上发表了 4 篇论文，还在苏联科学院另一个学报《自动学与远动学》上发表了 2 篇论文。

在莫斯科大学留学进修，成为张嗣瀛学术成长历程中非常重要的一个节点。在这里，他不仅开阔了学术视野，进一步夯实了理论基础，而且接触到最前沿的研究课题，在苏联一流学术期刊上发表了多篇论文。这在张嗣瀛的学术生涯中起到了至关重要的作用，使得他在学术研究的历程中迅速成长起来，也奠定了日后他在自动控制界的学术地位。

报国之路

20 世纪六七十年代正处于冷战时期，国际局势动荡。面对严峻威胁，1973 年，中央决定集中国防工业的精兵强将，启动反坦克导弹的研制工作。由仿制苏联 AT–3 型"萨格尔"反坦克导弹入手，经过近 6 年的仿制研究攻关，于 1978 年成功定型，命名为"红箭 –73"反坦克导弹，成为中国军队装备的第一代反坦克导弹武器系统，填补了中国反坦克导弹装备的空白。

图 2　张嗣瀛生活照

在武器研制过程中，前期是原理与结构设计阶段，后期是控制系统设计阶段。1974 年 5 月，"红箭 –73"研制项目进入关键阶段。为了加强研究攻关的力量，辽宁省国防工办决定从高校抽调科技人员参与"红箭–73"的研制工作。

由于在自动控制领域取得了有影响的研究成果，张嗣瀛便被派往某军工厂参加"红箭–73"项目的攻关，负责导弹控制系统的研究与设计工作。能参与国防项目，张嗣瀛感到莫大的荣耀和兴奋，为国做更大的贡献的机会终于到来了。

搞仿制看似简单，实际上并不容易。首先要了解导弹的基本结构，分析导弹的飞行原理。张嗣瀛与同事们一起，查阅与飞行力学相关的图书和文献资料，对照实物分析思考。导弹是自身旋转着前进的，而产生这种运动是靠尾部的两个喷气管（或称推进器），这两个喷气管是可以摆动的。左右摆动用以控制导弹的偏航角，上下摆动用以控制导弹的俯仰角，以此操纵导弹击中目标。经过各方面技术人员的努力，成品做出来了。但是经过多次试验，导弹就是打不准。

张嗣瀛决定在如何进行解耦这个关键点上下功夫。通过对控制指令记录纸上的数据进行比较分析，张嗣瀛得出了关键性的结论——校正陀螺仪在导弹上的安装角。在严格的推导和计算的基础上，张嗣瀛给出了陀螺仪安装角校正方向和校正量。技术人员按照张嗣瀛给出的参数，对导弹陀螺仪进行了重新安装。

重新改造后的导弹成功通过打靶试验。这次技术攻关取得了决定性的胜利。张嗣瀛带领他的控制系统组为国防军工项目做出了重要贡献，使"红箭–73"的研制定型迈出了关键性的一步。

通过"红箭–73"项目的攻关过程，张嗣瀛更加坚信理论研究是十分重要的，更加坚定了继续从事理论研究的信心。他说："理论有用，而且理论结合实际会更有所用，能够解决些问题。"

1984年，在新中国成立35周年阅兵仪式上，"红箭–73"作为我军新一代单兵反坦克武器，威风凛凛地行进在受阅方队中，接受党和人民的检阅。当从电视转播节目中看到"红箭–73"的镜头时，张嗣瀛感到无比的自豪和骄傲。

图 3 "红箭 -73"反坦克导弹

1978 年 3 月，由于在"红箭 -73"的研制过程中发挥了骨干作用，做出了重要贡献，张嗣瀛荣获全国科学大会颁授的全国先进科技工作者称号。

开拓之路

20 世纪 70 年代后期，张嗣瀛开始对微分对策理论进行了全面而深入的研究。在微分对策的研究中，他提出并论证了定性微分对策的极值性质，给出了定性极大值原理，使定量、定性两类问题都统一在极值原理的框架下，系统地形成了一整套新的理论体系和方法。同时，在主从对策的研究中，他提出惩罚量等新概念及定量计算，并与实际部门协作项目相结合，取得了一系列应用成果。张嗣瀛是我国微分对策理论研究的开创者。

为了使微分对策的研究更适合工业应用，几乎是在微分对策研究的同时，张嗣瀛又扩展了研究方向，将对策论的另一个主要分支——非合作对策理论——纳入了研究范围。从 20 世纪 80 年代中期到 90 年代初期，他将主要精力放在主从对策（也称斯塔格堡对策、Stackelberg 策略）的理论及应用研究上。

主从对策是微分对策及非合作对策的扩展。张嗣瀛发展了主从对策理论，首次提出了"惩罚量"等新概念，并提出一系列相应的非线性策略及

31

其算法。他提出了一个新的非线性激励 Stackelberg 策略，这个策略依赖于在某一定区间上取值的参数。他还指出，当这个参数为零时，一个特殊情况就会出现，这时的策略是仿射型的。利用这个策略，还可以进一步探讨"激励能控性"、"激励能控性区域"和"惩罚量"等问题。经过反复的推导与计算，张嗣瀛给出了"惩罚量"的具体表达式。基于 Stackelberg 策略和"惩罚量"的概念，张嗣瀛进行了各种问题的研究，取得了一系列研究成果，丰富了主从对策的理论内容。他将以往定性鼓励策略发展到定量鼓励策略，并在生产规划、能源配置、库存管理等方面获得应用。这个策略还可用来逐步解决多步决策问题。同时，他研究了多方多层次复杂主从对策、奇异主从对策等，取得了大量成果。

图 4　张嗣瀛查阅学术期刊

1987 年，张嗣瀛以微分对策的基本理论以及他的研究成果作为内容体系，撰写了名为《微分对策》的专著，由科学出版社出版。这本书可以说是国内第一本，也是当时唯一一本关于微分对策理论与应用的图书。同时，他的研究工作和研究成果受到法、美、波、以等国家同行专家的关注，他们时常来函询问有关情况，并索要论文。

题为"微分对策及定性极值原理的研究"的成果，于 1988 年 5 月获得国家教委科技进步一等奖，8月获得国家自然科学三等奖。这两项奖励均为张嗣瀛独立获奖。

图5 《微分对策》书影

如果说20世纪80年代以前张嗣瀛的研究工作是孤军奋战，那么从80年代开始，他已有了一群追随者。在微分对策和主从对策的研究方向上，他培养出5名博士研究生、8名硕士研究生。其中，有4人毕业后留在学校，在他身边继续从事科学研究工作。至此，一个研究团队形成并逐渐强大起来。

1986年2月，春节刚过，张嗣瀛就收到了一份节日大礼：由他担任主编的《控制与决策》期刊正式创刊了。创办这样一份期刊，是他多年的夙愿，其间凝集了他的大量心血。

《控制与决策》是自动化学科领域的综合性学术刊物，也是国内控制界的四大学术刊物之一，对于国内控制领域的学术研究工作起到了不可估量的推动作用。创刊号上刊登了冯纯伯、高为炳等著名学者的文章。张嗣瀛作为主编，亲自撰写了发刊词，他写道："控制科学的发展是无止境的，它需要不断发展新概念、新理论、新方法。因此我们应当开辟更多的园地，以利于控制科学的繁荣。……我们希望本刊在理论和实际方面都有一定数量的文章。我们还希望这个刊物能办得生动活泼，多开辟些栏目，多登些不同内容、不同形式的文章。"

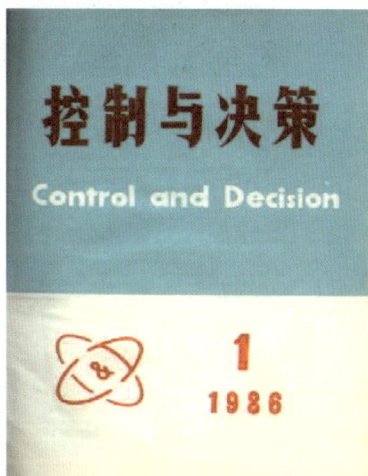

图6 《控制与决策》创刊号

　　1988 年秋天，张嗣瀛又提出了举办全国性大型学术会议的想法。借鉴美国 IEEE 决策与控制会议①的模式，依托《控制与决策》杂志，每年定期举行一次学术年会。张嗣瀛的这一大胆想法，得到了学校领导的支持和同事们的积极响应。作为和《控制与决策》杂志相对应的学术会议，张嗣瀛认为可将这一会议定名为"中国控制与决策会议"（Chinese Control and Decision Conference, CCDC）。

图 7　张嗣瀛在学术年会上发言

　　在科学研究漫漫长路上，张嗣瀛勇于攀登和创新，取得了一项又一项令世人瞩目的科研成果。他经常说："我们不能总跟在别人后面搞，要有自己的方向和特色，搞别人没有搞过的东西，要在国际控制领域建立我们中国人的制高点。"

　　20 世纪 90 年代初，他提出并开辟了一个全新的研究方向——复杂系统对称性与相似性结构的研究。张嗣瀛以复杂控制系统的对称性及相似性结构为主攻点，带领他的团队开始了攻坚战。由于此项研究的学术性和前瞻

---

　　①　美国 IEEE 决策与控制会议由美国电子电气工程师协会（IEEE）控制系统学会主办，英文全称为 IEEE Conference on Decision and Control（简称 IEEE CDC），是国际控制领域规模和影响最大的系列学术会议之一，每年举行一次。会议为控制系统领域的学者和工程技术人员提供了一个及时交流最新学术成果的国际舞台，是控制领域国际顶级学术盛会。

性，张嗣瀛获得了国家自然科学基金连续 4 次的立项支持，其中一项属重大项目的子课题。至 20 世纪末，这项研究工作取得了重要进展，获得了系统性的成果，并向着更深层次、更广范围拓展。

1997 年 12 月，从北京传来了令人欣喜和振奋的好消息，张嗣瀛当选中国科学院院士。这既是国家对张嗣瀛在控制科学与系统科学领域突出贡献的肯定，也是他学术成长历程中一个十分重要的里程碑。在年终总结时，张嗣瀛说："我校有 3 位教授被选为院士，其中我也被选为中科院院士。我想借此机会，加强基础研究，拟补充硬件环境，加强与兄弟单位如理学院、管理学院的联系，逐渐形成具有我们自己特色的基础研究基地。希望能得到各级领导的大力支持。"[①]

这一年，张嗣瀛高瞻远瞩，又有了一个新的更长远发展的想法，即联合理学院和管理学院的相关单位共同成立"控制理论及工程研究所"。与原教研室的同志们一起，齐心协力，使基础研究得到更快的发展。不仅在国内领先，也要建立起自己的特色，走向世界。经过努力，1999 年，承担了国家攀登计划项目。

1998 年，张嗣瀛荣获全国"五一"劳动奖章。1999 年，被评为东北大学师德标兵、辽宁省功勋教师。

全国"五一"劳动奖章的申报材料中有这样一段评语：张嗣瀛院士兢兢业业 50 年，从不计较名利，一直把党和国家的利益放在第一位。为党的教育事业呕心沥血，为全校教师树立了光辉的榜样。[②]

精神印象

张嗣瀛院士是我的恩师，他常跟我们说："人，是要一点精神的。"他以自己的言传身教、身体力行诠释了这句话。这个精神是什么？不能为眼前、为自己、为既得利益去想。不随波逐流，做正直的人。从张嗣瀛院士的身上，我们能够体会到，没有高尚的情操和精

---

① 摘自张嗣瀛年终考核表。存于东北大学档案馆。
② 摘自申报表。存于东北大学档案馆。

神、没有远大的理想和追求，就做不出能够超越同时代的贡献。

——井元伟（东北大学信息科学与工程学院教师、自动化专业
1981 级研究生）

我有幸师从张嗣瀛院士，并长期在他的身边工作。他对待科学研究的孜孜不倦的精神和严谨谦逊的态度深深影响着作为学生的我们。他多次告诫我们，要实事求是、客观地对待自己取得的成果："我们做出的成果是要由别人评价的，要经得住历史和时间的检验。"这是对待科学研究成果的科学态度，也是品质，是先生留给我们的宝贵财富。

——赵军（东北大学信息科学与工程学院教师、自动控制理论及应用
专业 1989 级博士研究生）

张嗣瀛院士是我的恩师。他曾告诉我他在苏联莫斯科大学进修时的一段经历：刚到莫斯科大学参加学术讨论班并汇报工作时，被苏联同行嘲笑水平太低。张老师当时也是年轻气盛，几乎一个星期没有睡觉，写出一篇论文给苏联导师看。导师看后说："你的论文主要成果不是新的，但有一部分是新的且有意义，可以发表。"从此，张老师开始了他在苏联的学术生涯。张老师的这段经历让我感受到做科学研究所需要的勇气、毅力、能力与境界，也是做高水平科研的一个范例。

——杨光红（东北大学信息科学与工程学院教师、自动化专业
1991 级博士研究生）

供稿人简介

井元伟，男，辽宁西丰人，1956 年 11 月 20 日生于沈阳市，中共党员，现任东北大学信息科学与工程学院教授、博士生导师，张嗣瀛招收的第一个博士研究生。

育人是责任　著书是情怀

——记东北大学控制理论"第一人"谢绪恺教授

生平简介

谢绪恺（1925—2022），四川广汉人。1952年到东北工学院（今东北大学）工作，历任电气工程系讲师，数学系副教授、教授，是当年东北大学控制理论"第一人"。1957年，在全国首届力学学术会议上，他提出了著名的"谢绪恺判据"，这是现代控制理论界最早以中国人名字命名的科研成果。从20世纪50年代开始，谢绪恺教授相继发表论文60余篇，编著和翻译教材4部，编著了控制科学早期教材之一《现代控制理论基础》，成为一大批学术精英的启蒙者和领路人。年过九旬，他笔耕不辍，坚持为学生编著"通俗易懂"的数学学习辅导教材《高数笔谈》《工数笔谈》《线代笔谈》等。

志存高远　奋力攀登学术高峰

从小喜欢数学的谢绪恺，出生于四川广汉一个贫寒家庭。1947年，谢绪恺毕业于重庆中央大学无线电专业。新中国成立后，他曾任教于大连工学院（今大连理工大学）。1952年，随着高校院系调整，他来到东北工学院。

图 1　年轻时的谢绪恺

新中国成立后，谢绪恺开启了他近半个世纪的执教生涯，并成为当年东北大学控制理论"第一人"。所谓"第一人"，往往意味着孤身攀登没有梯子的悬崖。为把外文资料研究透彻，他废寝忘食，掌握了俄语、英语、日语、德语等多门语言。

解放前的大学数学很简单，解放后学苏联数学就比较复杂。谢绪恺当时每天刻苦钻研，先把俄文学会，然后读俄文原著，要把所有理论读通读透，经过半年时间，他翻译了一本俄文图书，在翻译过程中，掌握了基本理论。与此同时，他也对该书中的内容产生了怀疑。

而立之年　"谢绪恺判据"蜚声学界

在自动控制领域，控制系统的稳定性研究是一个绕不开的课题。此前，国际上已有两大判据被奉为经典，谢绪恺却选择另辟蹊径，他想找到计算量更小、使用更简便的方法。

按照他所翻译的著作，谢绪恺在研究稳定性理论过程中，产生了一个怀疑。在他看来，这就像检查身体一样：看一个人有病没病，做全身检查当然是个办法。但为什么不能做局部检查呢？如果检查出心脏有问题，那么不可以据此判定这人是病人了吗？于是，从这个观点出发，谢绪恺开始研究新的判据。

经过大胆假设、缜密论证，谢绪恺打破常规，给出了线性控制系统稳定性的新代数判据。1957年早春，全国首届力学学术会议在北京召开。谢绪恺主动提交论文，并被邀请参加会议。开会当天，钱学森、周培源、钱伟长等众多力学界大师悉数到会，盛况空前。提起这次半个多世纪前的会议，谢绪恺仍然记忆犹新："我所在的小组共5人，一位哈军工的老教授讲完后，我第二个发言。步入会场时不觉眼前一亮，钱学森先生在第三排正中赫然就座，其后一排偏右的是著名数学家秦元勋先生。我内心非常激动，在汇报自己在线性系统稳定性方面的一些探索时，渐渐进入角色。"

令年轻的谢绪恺惊喜的是，钱学森先生高度肯定了他另辟蹊径的创新思路，还点拨他说："可以将你判据中的常数改为随机变量，这项工作尚无人开始研究，肯定能出成果。"不久后，秦元勋先生在北京主持一个微分方程讨论班，邀请谢绪恺参加，继续深造。其间，秦元勋先生高兴地告诉谢绪恺："我已向华罗庚先生汇报了你的成果，华老一听，马上拍桌子说：'成果太漂亮了'！"前辈的期许令谢绪恺备受鼓舞，激励着他在学术的道路上策马扬鞭。

此后，以他的名字命名的"谢绪恺判据"惊艳了国际控制学界。当时，他刚刚32岁。

图2　谢绪恺（右）和杨振宁在一起

三尺讲台　五十余载赤诚奉献

在学术道路上意气风发，人生的道路却几度起落浮沉。正当谢绪恺在学术道路上意气风发急行军时，却遭遇了人生的"滑铁卢"：一颗冉冉升起的新星被打成右派。1958年，谢绪恺被下放到辽北农村劳动，这成为他人生的转折点：下放之前，他每个月能领到100多元的工资，再加上翻译著作的稿酬，就当时的消费水平而言，谢绪恺的收入还是非常可观的。但到了农村之后，看到农民虽然生活极度贫困，却无怨无悔、质朴善良，在自己吃不饱的情况下，还将土豆分给那些下放劳动的知识分子，这给了谢绪恺极大的震撼。从此，谢绪恺决定选择满腔热血地为人民服务，勤勤恳恳，将自己融入人民群众。

自此，谢绪恺更加全身心地投入教学工作中。横跨自控系、数学系，涵盖本科生、研究生，谢绪恺共承担近20门课程的教学任务。他说，就像大树离不开泥土，他也离不开学校和学生。

图 3　中年时的谢绪恺

　　1994 年，69 岁的谢绪恺披挂出征，担任东北大学理学院第一任院长。他注重引进人才，方肇伦院士就是他任理学院院长期间从中国科学院生态所引进的优秀专家，连同此后引进的 10 余位博士生导师，共同撑起了理学院的人才大厦。"老骥伏枥，志在千里"是他对教育工作一片赤诚的真实写照。从 1950 年到 2005 年，谢绪恺在三尺讲台整整待了 55 年，彻底告别时已经是 80 岁。

图 4　谢绪恺在东北大学授课

　　谢绪恺常说："你要给学生一杯水，自己要先准备一大桶水。我从 5 岁就开始读书，每天都在读书。活到老，学到老，你必须自己水平高，才能把学生教得好。"

年至耄耋　笔耕不辍再著教材

在偶然翻阅一本高数教材时，谢绪恺发现自己对其中的许多理论也是似曾相识。"身为高数教师的自己尚且如此，何况学生？"说起高数难懂，谢绪恺颇为感慨。现行的高数教材品种单一，偏重演绎推理，讲究证明的逻辑严密性，而联系现实应用部分少。这对工科或其他应用学科的学生来说，常常事倍功半。2015 年，90 岁高龄的谢绪恺决定写几本通俗易懂的高数参考书，帮助学生发现数学的简洁之美和逻辑力量。

2016 年 12 月，谢绪恺的《高数笔谈》出版。这本图书一出版，就好评如潮。为了让学生一看就懂，谢绪恺将深奥的定理与日常生活、常见问题、寓言故事结合，通俗地讲述出来。比如用婴儿未来身高比拟微积分极限问题，用龟兔赛跑解析拉格朗日定理，用扔小球模块讲解中值定理……高深晦涩的理论和生动鲜活的现实相互联系，读来亲切自然，令人忍俊不禁。该书中的习题则包含了哲学、文学等各个学科，其中就有这样一道题："庄子有言：一尺之棰，日取其半，万世不竭。试据此构造一数列，并求其极限。"将传统文化的内涵以数学问题的形式呈现，毫不牵强附会，反而显示出深厚的文化素养。这部教材的写作完全出自谢绪恺 55 年的教学积淀，很多例题都是他亲自设计的。

在谢绪恺看来，《高数笔谈》的主旨就是"数学问题工程化，工程问题数学化"。如果说数学专业的学生学数学是"铸剑"，那么其他专业的学生更需要"用剑"。他希望通过一本理论高度联系实际的辅导资料，让抽象的数学变得简单，打消学生的畏难心理，并迅速转入实际应用。学生读完该书后，不仅能学习到知识，更能学习到学习方法。教课不是知识越多越有用，关键在引导思维方法，从知识当中激发创新思维。

图5 《高数笔谈》部分手写书稿

"你要给学生一杯水，自己要先准备一大桶水。"谢绪恺写作时，书桌上几乎没有参考书，功夫都下在动笔之前：图书馆里相关图书他基本都要读一遍，弄懂吃透，装在脑子里。这样在著书、教学过程中，才能厚积薄发。在写作《高数笔谈》的一年多时间里，谢绪恺经常在图书馆一坐一整天，手写了500多页22万字的书稿，画了100多张图表，又与出版社编辑进行了10余次的面谈改稿、10余次的校稿和30余次的电话沟通，每一处细微修改都反复推敲。在写作该书过程中，谢绪恺反复叮嘱出版社编辑，要求他把书稿送给大学生提意见，还特意嘱咐："千万不要让学生知道我是作者，否则他们就不好意思谈自己真实想法了。"

在《高数笔谈》出版之后，他又相继编著了《工数笔谈》《线代笔谈》。谢绪恺把全部稿酬都用于购书，送给学生和朋友。他在每一本书的扉页上都工整地写着八个字："自强不息，知行合一。"他笑着说，写书是为了"还债"，自己是劳动人民培养出来的，也要尽可能地回报社会。

2019年教师节，谢绪恺再度回到自己的家乡广汉，亲手把5万元助学金交到贫寒学子的手中。这些年来，他一直坚持这样的善举。他劝勉孩子们："中国发展之快，赶超速度之快，世界震惊。中国的未来需要你们。"

谢绪恺说："我凭什么拿这么多钱？我真想把这个钱最后捐献出去。人呢，就是踏踏实实地生活，尽力地为社会做点事情。"

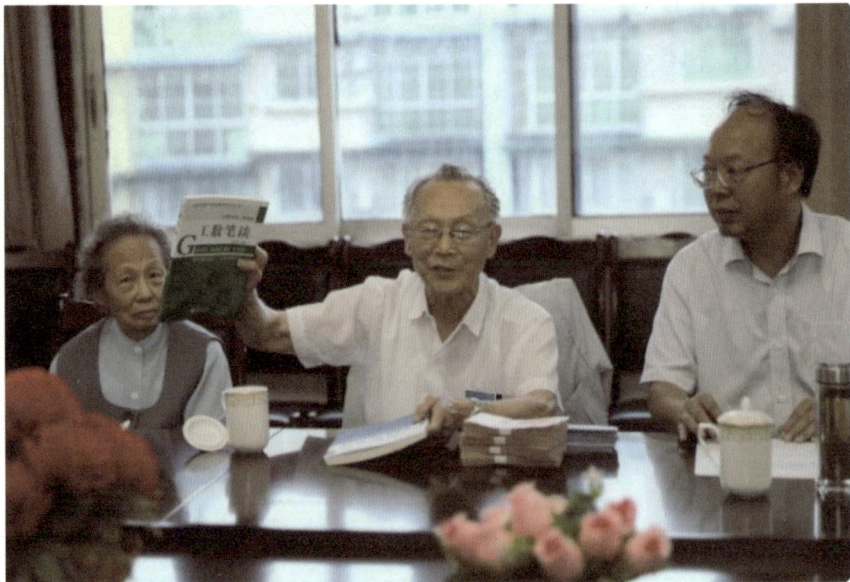

图 6　谢绪恺与夫人回家乡助学

闲看庭前花开花落，漫随天外云卷云舒。临近期颐，谢绪恺的生活简单而又多彩。他感觉唯一遗憾的，是劳动人民养活了他，他却回报得不够。97 岁依然坚持写书也是这个原因，这是一种责任感。

谢绪恺说："中国知识分子讲究'立德、立功、立言'，我无法全部做到，能做到的一点就是'立言'——把毕生所学结集成书。只要身体允许，我还会一直写下去。"

（本文引自微信公众号中央广电总台中国之声《先生》特别策划）

精神印象

谢绪恺教授是我国自动控制理论学界的著名学者。他是当年东北大学控制理论"第一人"，提出了著名的"谢绪恺判据"；他曾任我校理学院院长，所编写的控制理论早期教材《现代控制理论基础》，已经成为一大批学术精英的启蒙者和领路人；年过九旬，他仍笔耕不辍，坚持为学生编著"通俗易懂"的数学学习辅导教材。"育人是责任，著书是情怀，要为国家和人民一直书写下去"，这是他的博大胸怀，更是我们向之学习的精髓所在。

——杨光红（东北大学信息科学与工程学院教师、自动化专业

1991级博士研究生）

　　谢绪恺老师是东北大学在控制理论领域的开拓者，最早从事控制理论的研究和教学者之一。1957年，年仅32岁便参加了全国首届力学学术会议，发表的论文被钱学森先生当场予以肯定，后来被称为"谢绪恺判据"，这是控制理论界最早用中国人名字命名的研究成果。20世纪80年代，谢老师率先在国内从事现代控制理论方面的研究和教学，编写了现代控制理论方面的第一本中文教材《现代控制理论基础》。他育人的态度和博大的情怀是我们学习的榜样，指引我们一路向前。

——周瀛（东北大学信息科学与工程学院离退休教师、工业企业

自动化专业1961级学生）

　　谢绪恺老师是东北大学控制科学理论方面的开拓者，最早从事古典控制理论的研究和教学者之一。我完整地听完了谢老师的高等数学，十分枯燥无味的高等数学课程，被谢老师渊博的知识储备、深厚文化底蕴、优美的四川口音变得生动活泼。2015年起，耄耋之年的谢绪恺老师，笔耕不辍，写起了数学参考书。时至今日，已写完三本书。他说："把毕生所学结集成书。只要身体允许，我还会一直写下去。"他说是劳动人民养活了自己，自己要不断地回报人民。他是我们的好先生，好恩师！

——何润华（东北大学工业企业自动化专业1963级学生）

"电机大老爷"的人生故事

——记中国现代交流传动领域奠基人刘宗富教授

生平简介

刘宗富（1925—2014），河南济源人，我国著名的电气自动化专家。刘宗富1950年毕业于同济大学电机工程系。曾任中国自动化学会电气自动化专业委员会委员兼电气传动学组组长，辽宁省电力电子学会副理事长，中国交流电机调速传动会议学术委员会委员，中国电工技术学会电气节能专委会副理事长，中国电工技术学会电控系统与装置专业委员会顾问名誉委员，《变频器世界》编辑委员会名誉主任，国家科委电力电子技术发展战略研究组组员。同济大学电气工程系和沈阳工业大学电机系兼职教授。被尊称为"电机大老爷""电机活神仙"。

少年颠沛流离　终得学业大成

　　1925 年，刘宗富出生在河南济源一个商人之家。虽然生逢乱世，但其父一直坚持让他读书。6 岁时，刘宗富进入私塾学习。不及两年，跟随家人辗转到南昌。刘宗富虽然未接受过正规教育，但天生聪慧，顺利地考入当地小学。1937 年，抗日战争爆发，南昌战火四起。刘宗富无奈之下回到家乡，并通过自己的努力考入开封中学，这是当时河南省最好的中学。其间，他享受了一年平静的学习时光。后来，战火蔓延到河南，一家人背井离乡，飘零异地。

　　战火纷扰，居无定所，这些使刘宗富的学业难以为继。幸运的是，家庭的教育让他得以启蒙心智，使他对知识的渴求不曾因战乱而中止。刘宗富后跟随同乡前往重庆求学，并于 1946 年以优异的成绩考入同济大学电机系，开始了他一生挚爱的电机学业。

　　当时，同济大学因战乱迁校到四川宜宾。抗战胜利后，学校即酝酿、部署返归上海的复校工作。但那时交通不发达，学生只能自行前往上海，刘宗富辗转一年才到达上海。由于学校搬迁、接收工作进展迟缓，直到 1947 年 2 月才正式授课，刘宗富这才迎来自己的大学生活。他的求学过程虽然颠沛流离，但却幸遇良师。在同济大学读书期间，他曾跟随黄席椿先生学习电工基础学，跟随程福秀先生学习电工设计学。"我没念几年书，但幸运的是念的那几年都遇上了好老师，真正学到了一些东西，这两门课程奠定了我电机学的基础，同时也激

图 1　生活中的刘宗富

发了我无限的兴趣与喜爱。"

　　大学时光转瞬即逝，如同许多青年人一样，当时的刘宗富也面临着就业的困惑。程福秀先生作为刘宗富的专业教师，曾教诲他："在学校、书本上学到的知识并不能应用于实际，我曾在德国读书，那里都是在工厂上课，只有学会实践中的知识，才算学到真东西，你应该去东北的军工厂锻炼锻炼。"于是，刘宗富和几名志同道合的同学跟随招聘团来到东北。那时，人们对东北的印象多是气候严寒、贫穷落后，极少有人愿意让孩子去东北工作，但刘宗富秉承程福秀先生的教诲，克服了重重阻力前往东北。到达沈阳后，刘宗富被派往省电工局学习锻炼。一年后，鉴于当时东北人才短缺，刘宗富又选择到东北工学院从事教育工作。经过实践的锤炼，来到东北工学院后，刘宗富与杨自厚、马成业等便开始了创办电气工程专业的工作。对于大学教育，初出茅庐的年轻人尚缺乏经验，因此他们便跟随苏联专家学习大学教育，并攻读了副博士学位。筚路蓝缕、以启山林，先行者经历的艰辛是今天的我们难以想象的。1960年，中苏关系紧张，很多苏联专家撤走回国，国内的研究进入了自力更生的时期。刘宗富那时虽然经历了许多挫折和失败，但却奠定了他在电机领域的坚实基础。

图2　刘宗富（左四）与同事合影

师生眼中的"大老爷" 企业眼中的"活神仙"

自 1950 年到东北工学院任教，刘宗富以在学术上的深厚造诣和实践中的大胆创新，被师生尊称为"电机大老爷"。他不仅是东北大学电气传动学科的著名教授，更是国内现代交流传动领域的先行者。他提出的"马鞍形电流波成圆旋转磁场"理论，对传统的交流电机理论是一个突破；他创立的"步进磁场转矩星理论"，在国际电机研究领域中独树一帜；他提出的辐向磁路的混合式步进电机结构，比国际上流行的轴向电机结构可提高转矩密度 20%，受到英国谢菲尔德大学著名教授 David Howe 的高度评价。他曾发表相关领域论文 100 余篇，指导的博士研究生和硕士研究生 40 余名，编写了《电机学》《电力拖动基础》《近代交流调速》《现代电力电子器件与交流传动》等多部高校教学用书。

刘宗富不仅知识渊博、理论精湛，而且理论联系实际、经验丰富，帮助鞍钢、承钢等企业解决了生产中的实际问题，创造了可观的经济效益，被企业称为"电机活神仙"。20 世纪 80 年代初，我国开始大规模引进国外的先进技术，更加先进的变频技术开始进入国内学者的视野。西门子的交流变频技术当时在世界范围内处于领先地位，因此鞍钢在 1980 年引进了西门子的一套交流变频调速系统，新设备的产量比旧设备提高了 40%，大家对新设备都是满口称赞。为进一步提升产量，鞍钢继续加速生产，但天不遂人愿，提速后的转动轴将隔离墙打翻，致使轧钢机断裂，鞍钢被迫停产。为了攻克这一技术难题，鞍钢召集了国内变频领域的专家进行研究，集中"会诊"，协力攻关。刘宗富作为中国自动化学会电气传动组组长，也参加了这次讨论会。当时大部分专家认为问题的症结在于直流与交流的转变，而刘宗富则认为新设备的使用并非症结所在，他根据电机驱动理论，综合分析事故原因，提出"扭振"问题是处理事故的关键。这简单的两个字却让在场的所有人恍然大悟。扭振具有极大的破坏性，轻者使作用在轴上的扭应力发生变化，增加轴的疲劳损伤，降低使用寿命；严重的扭振则会导致机组轴系损坏或断裂，影响机组安全可靠运行。找到根源，一切问题便

迎刃而解。刘宗富说："现在回想起来我解决的这些问题都是一些好玩的问题，算不上技术问题，只是需要具备一定的分析问题、现场解决问题的能力而已。"

1994 年，承德钢铁公司炼钢厂出现严重的生产事故，3 套 20 吨转炉直流拖动系统因炼钢炉中迸出的一颗火星而全部烧毁，致使 2 万人的钢铁公司全部停产。承德钢铁公司炼钢厂负责人第一时间向刘宗富求助，刘宗富经过考察研究，建议公司将 20 吨转炉原有的直流调速系统全部改为交流变频调速。起初，公司经理觉得这个方案风险太大，很多人更认为这是一个"馊主意"。但在当时的条件下，如果坚持使用直流调速，订货需一个月，新设备调试还需一个月，两个月的时间工厂根本等不起，无奈之下，只好"死马当活马医"。让大家没有想到的是，这个"馊主意"只用 3 天时间就让承德钢铁公司炼钢厂恢复了生产，这也是我国 20 吨转炉第一次采用变频调速，并产生了巨大的经济效益。经过多年的生产应用，该系统运行稳定可靠，技术指标符合工艺要求，也因此于 1995 年通过机械工业部鉴定，被河北省评为技术进步一等奖。

心系教学科研　老顽童重出江湖

耄耋之年的刘宗富仍心系学校的教学科研工作，孜孜不倦，学而不止。刘宗富晚年身患重症，为此，他不得不离开钟爱的教育事业。2013 年，经历了 6 个月透析后的刘宗富决定重出江湖，重返自己热爱的科研事业。他说，他最大的心愿就是振兴我国的电气传动学科。"我就是个老顽童，我要寻找我的粉丝，让他们帮我把科研想法付诸实践，我给他们出点子，他们来做，我自得其乐。"言语之挫顿起伏，溢露出心中期盼久矣。为了完成自己的心愿，他自学计算机用于研究工作，坚持写作科研日记 30 余篇，在学校、企业做学术报告 6 场。刘宗富说："只要能活着就是好事，活着我就能想更多的问题。"他提出的交流励磁同步电机的控制理论，希望变频设备的功率降低 90%、设备成本降低 50%，在世界电气传动领域引导新的潮流；他提出的电流定位向量控制，希望一改复杂的交流调速系统理论，用简单的定位系统理论实现高性能的速度控制；他提出的永磁—磁阻混合式控制理论，希望解决如球磨机等低速大转矩要求的驱动系统，进一步完善转矩星的理论体系；他的磁性齿轮的研究成果，希望能应用于航天或其他工业领域……所有这些他提出的研究内容，都是世界电气传动领域独具创新的思想，其高瞻睿智令人敬佩。

刘宗富心系电气传动学科的发展，每每提及学科情况，他总是不打腹稿，踔厉风发，"我个人无所谓，你们一定要帮我传播我的观点。"先生对学科发展与人才培养之望切溢于言表。

至于为学，刘宗富的心得是若欲行远，必先夯实基础。他认为，基础好才可希冀为学大成，才能在未来的研究中得心应手，故大学教育沃枝叶应先培根本，扎实基础，再图创新。

至于科研，刘宗富重于实践。他印象最深的是恩师程福秀的教诲，"实事求是，贵在实践，实践是知识的源泉。理论再好，不能应用于实践，一切也只是徒劳。"刘宗富一生将此语铭记于心，视为至言，如今又秉承师训，传授于学生。

图 3　刘宗富 90 寿辰报告会

至于成才，刘宗富常以自身心得教诲学生，并对青年人提出了几点希望："把学问基础搞得宽一些。既要把数学学扎实，也要兼具物理和计算机领域的知识，是专家也是杂家；要有很好的语言基础，把英文学好，争取一些出国学习的机会；把读书、事业看得神圣一点，这不只是个人的事情，你读不好书，国家就失去一个人才；不要急功近利，要看得远一些，不要走捷径。"

刘宗富常说："希望你们帮我这个老'传教士'宣传一下，让咱们的电气传动学科更上一层楼。"老骥尚且伏枥，不弃千里之志，吾辈春秋鼎盛，又安可推诿激扬之责。

精神印象

刘老师是我的恩师。他一生三尺讲台、一支粉笔，培养学生成千上万。刘老师90岁高龄仍然工作在科研第一线，他一生对科研工作投入全部的热情，时刻精神焕发投身科研事业，对教学科研工作从未懈怠，对推动我国电气学科的发展发挥重要的作用。我们要学习刘老师为共产主义事业奋斗终身的精神。

——顾树生（历任东北大学自动控制系主任、信息科学与工程学院院长，工业企业自动化专业1958级学生）

刘宗富老师是一位典型的老一代知识分子。他将投身教育事业、发展电气学科作为毕生的追求。他活到老、学到老、研究到老的毅力和精神令人敬佩。他在80岁高龄时自学计算机知识用于自己的研究工作，90岁高龄时还在致力于热爱的学术研究，离开我们的前一周还在为学生们做学术报告，一生都在关心着我国的电气传动事业。刘宗富老师的一生是无数默默工作的老一辈知识分子的缩影，他严谨务实的科学追求、开拓求变的创新精神、锲而不舍的治学态度、忧国报国的朴素理想是永远值得我们青年教师和学生敬仰和学习的。

——林继常（东北大学信息科学与工程学院原党委书记）

永远记得刘老师经常教导我们的话，"理论研究也不要拘泥于数学推导，要从电机的结构本身出发"。刘宗富老师的敬业精神让人震撼，90岁高龄时仍然专注电机方向研究。刘老师的一生是学习研究的一生，从未懈怠，他用实际行动诠释了对科研的态度。我们每名教师都应该以刘宗富老师为榜样，有责任，有担当，以科技建国、科技强围，用科技更好地建设我们的国家，为电气学科做出更多的贡献。

——王大志（东北大学信息科学与工程学院教师、控制理论与控制

工程专业 1999 级博士研究生）

供稿人简介

満永奎，男，辽宁丹东人，1957 年 3 月出生，曾任东北大学信息科学与工程学院教授，2017 年退休。

爱国敬业的"孺子牛"

——记中国电路原理教育开拓者之一周孔章教授

生平简介

周孔章（1919—1991），湖南湘潭人。1944年，作为英文翻译应征入伍。1950年，新中国成立后，自学俄语，最早将苏联教材《电工原理》引入中国，是中国最早一批翻译苏联教材的学者。1958年，周孔章教授创建的东北工学院无线电专业，是国内高校最早创建的无线电专业之一。周孔章是中国电路原理教育的开拓者之一。

发挥专业技能 舍身忘我抗战

周孔章，生于1919年，祖籍湖南湘潭。父亲在北京大学任教，他从小跟随父亲在北京长大。七七事变后，周孔章的父亲随校南迁，中途染病，战乱时期，缺医少药，不幸病故，周孔章只身辗转来到重庆。1939年，周孔章考入重庆中央大学电机系。时值抗战时期，重庆屡遭日机轰炸，空袭警报不断。当时校本部在沙坪坝，分校则在柏溪。沙坪坝距柏溪 30 多里，在沙坪坝可以直接听到警报汽笛，而柏溪较远，无法直接听到。为了使分校师生尽快收到警报，周孔章和几名同学利用无线电发送信号（实验室有发射机，周孔章和几名同学是发机电管理员），柏溪物理实验室接收，通知师生进入防空洞。而当空袭警报响起后，重庆市区立即停电（防止暴露目标），一片漆黑，周孔章和几名同学只好用手摇发电机向柏溪发出信号。大部分人已进入防空洞，而周孔章等同学必须向分校发出紧急信号后，才能撤离，这时敌机已临近上空……

1944 年，抗日战争进入战略反攻阶段。为了打通中印公路，保障援华物资道路畅通，中国远征军决定实施收复缅甸的作战计划。当时，许多热血青年踊跃报名参军。周孔章于 1944 年 3 月作为英文翻译应征入伍。周孔章参加过攻打密支那战役。为了有效歼灭日寇，他跟随部队穿越原始森林，克服难以想

图 1　青年周孔章生活照

象的困难，在山高林密、遮天蔽日、沼泽遍布的原始森林中，连续艰难跋涉数日到达指定地点，围歼日寇。作为翻译，他随时将部队进展情况、人员伤亡及粮弹补给译成英文上报，同时将上级下达的英文指令译成中文交团部，便于更快拟定作战计划，歼灭日寇。在一次研究袭击密支那的会议上，关于辎重一词，周孔章翻译得不够准确，受到批评，从那以后，周孔章更加谨慎，不敢丝毫懈怠。抗战胜利后，他回到国内，转入地方，在南京电信局工作。

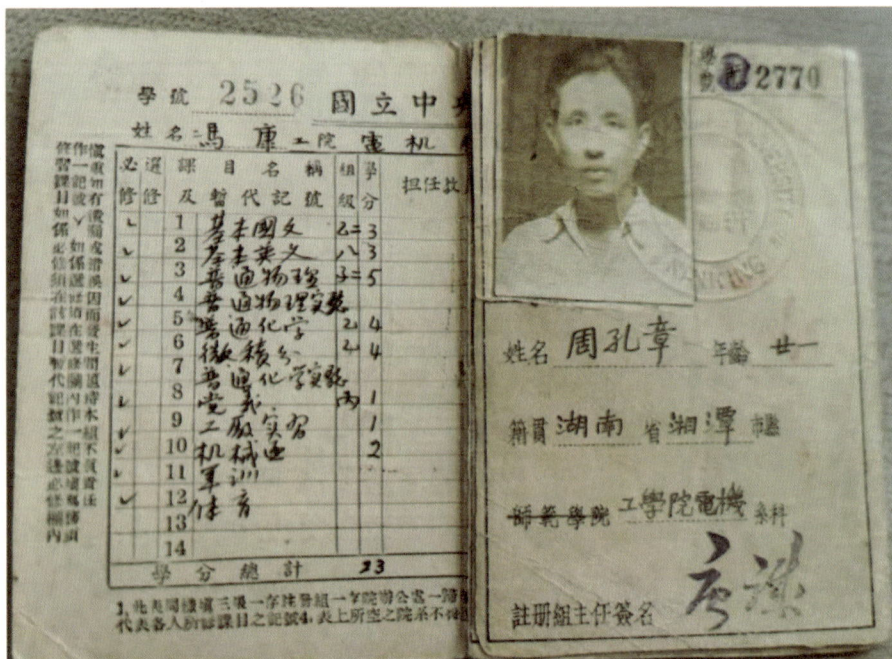

图 2　周孔章就读于国立中央大学时期学生证

引入苏联教材　奠基电工专业

　　新中国成立后，1950 年，周孔章随东北工业部教育司招聘团来到东北。先到抚顺煤矿学院，后到沈阳。20 世纪 50 年代，东北工学院成立初期，国内教学大纲大多参照苏联模式，很多高校开始使用苏联教材。为了便于教学，提高教学质量，周孔章和同志们决心将苏联教材译成中文。他通过努力，自学俄语，终于和同事们于 1953 年翻译出版了苏联克鲁格的《电工原理》（分上、中、下三册，由龙门联合书局出版），为许多高校及时提供了教材。对于这本书，周孔章的学生曾这样评价："周孔章教授是最早翻译苏联教材的学者之一，一提起克鲁格的《电工原理》是周老师译成中文的，50 年代毕业的电专业大学生，无不肃然起敬（有信件原件）。"

　　1957 年，周孔章还和其他同事翻译出版了苏联波利瓦诺夫等的《电工基础》（高等教育出版社出版），该书也分三册。该书出版后，被全国各高等工业学校广泛采用，在国内引起极大反响。

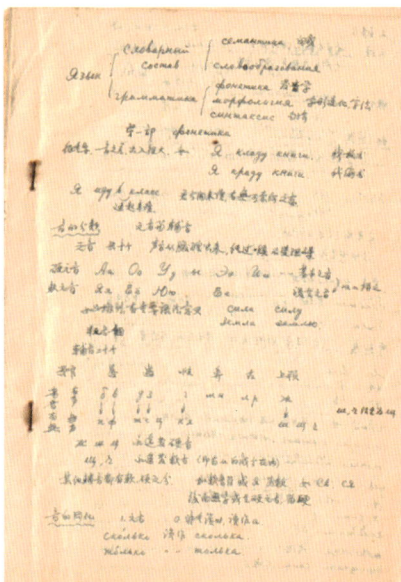

图 3　周孔章自学俄语的学习笔记

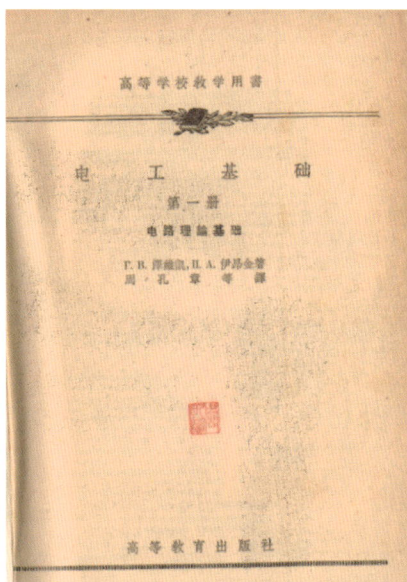

图 4　周孔章翻译的苏联教材《电工基础》为最早一批的中国高校教学用书

图 5　周孔章工作照

1958年，周孔章创建了东北工学院无线电专业（当时是电子技术教研室），并任无线电教研室主任。20世纪50年代末，周孔章到北京某研究所进修，北京某研究所主动提出希望他到该所工作（当时北京的工作与生活条件要优越一些），但周孔章放弃了这一机会，一直埋头教学。随着无线电专业的建立，越来越多的无线电专业毕业生用所学知识为我国无线电事业的发展做出了重要贡献。

正如当年在周孔章的追悼仪式上，同志们所赠挽联上书写的，"老主任建专业功载校史，后来人继先业励志奋进"。

图6　周孔章在东北工学院图书馆前留影

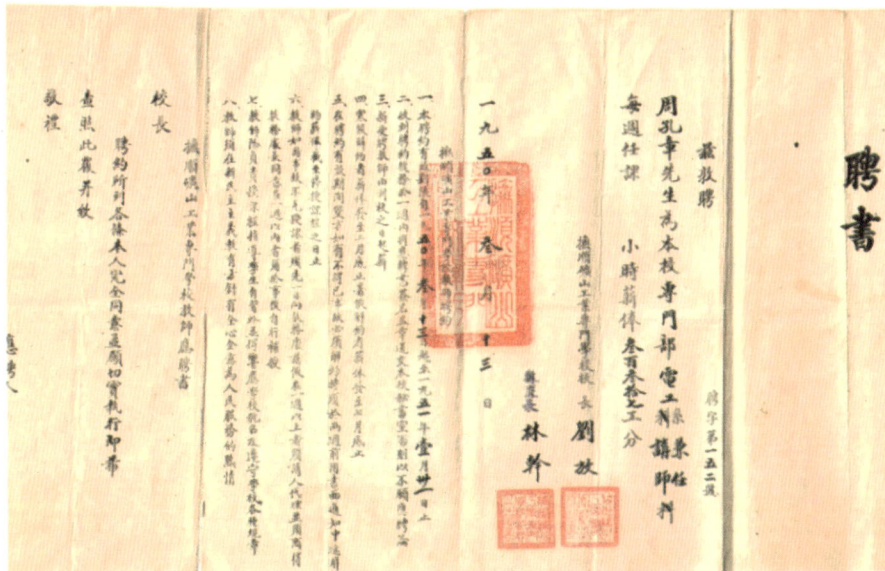

图7　1950年东北工学院（今东北大学）聘请周孔章为电工系主任的聘书

不畏困难疾病　勤恳教书育人

　　周孔章长期从事基础理论教学工作。东北工学院成立初期，他任电工原理教研室主任。无线电专业成立后，任无线电教研室主任。1971年，他重回电工原理教研室，任教研室主任。基础课教学是一项任务繁重又不易出成果的工作。但周孔章在几十年的教学中一丝不苟、兢兢业业，把每一节课、每一次答疑都看成初登讲坛，让每一份讲义、每一份教案都经得起师生的检验。虽然周孔章对授课内容早已烂熟于心，但他每一次都认真备课。他的一摞摞备课笔记至今由他的女儿精心保管，字迹工整，毫无随意涂改之处。若不是对教学极为认真的态度，又怎能几十年如初？

　　周孔章经常备课到深夜。每天清晨，他都会骑着那辆旧自行车去给学生上课。年复一年，日复一日，风雨无阻。有一次，他下课回家，途中被一个愣头小伙给撞了，裤腿都撕开了，周孔章推着自行车，一瘸一拐地走回家，回到家中，腿已呈青紫色。还有一次，有一天中午，他喝了面汤，不一会儿，全身到处都是一片片的荨麻疹（周孔章是过敏性体质），马上休克了，周孔章的女儿赶紧跑到东北工学院医院请来大夫，打了脱敏针，他才苏醒过来。即使这样，他也没有休息，坚持照常上班。

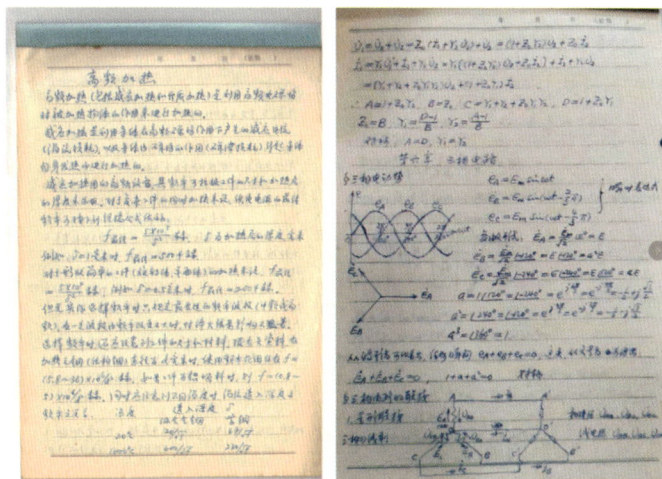

图8　周孔章的备课笔记工整严谨，没有一丝涂抹

20 世纪 80 年代初冬的一个晚上，天上下着雨，周孔章去给学生答疑。已是晚上 9 点多，周孔章仍然未回，他的女儿去接他。地面的雨水结了冰，上面覆盖着一层薄薄的积雪，一走一滑，他的女儿走路都感到十分吃力。走到半路，遇到了她的父亲，他气喘吁吁，正扶着一棵松树休息，女儿赶紧过去，扶着父亲，慢慢走回家。

图 9　周孔章在南湖公园留念

1978 年，周孔章不顾身体患病，坚持和同事争分夺秒地工作。为了适应教育多出人才的需要，周孔章带领教研室 3 名同志到全国各院校考察了 40 多天，出差回来后，没有休息，马上给学生上课，学生非常感动。他去上课时，学生热烈鼓掌。

1981 年，周孔章承担了编写《电路原理》函授教材的任务。为了编著这本书，他倾注了全部心血。搜集整理资料，结合教学实践，从学生亟待解决的问题入手，全面系统地阐述电工原理这一基础理论。他完全利用业余时间，奋战几个寒暑假，于 1983 年完成了这部 70 万字的著作，该书由高等教育出版社出版。《电路原理》一书出版后，许多高校以该书作为教材，对于提高函授教育质量有很大的促进作用。周孔章在各地执教的学生在给周孔章的来信中提到这本教材时，都认为这本教材叙述清楚，例题内容好，题目多，非常受学生欢迎。还有的学生认为，这本教材特别适合一边工作、一边学习的人。此教材分为上下两册，上册出版后，反响很好，许多学生来信询问下册出版时间，并建议他出版习题集。但由于身体原因，他没能再编著教材。

图 10　周孔章工作照

图 11　冶金工业部荣誉证书

图 12　辽宁省电机工程学会颁发的荣誉证书

　　教学之余，周孔章还先后担任东北电工理论学会理事长、辽宁省电子学会理事及辽宁省电机工程学会电工理论专业委员会主任委员等职，为增进教学和学术交流努力贡献自己的力量。

　　周孔章的女儿在清理父亲的遗物时，发现了一份入党申请书。这是一个老知识分子对党的赤诚之心。20世纪50年代末，他就有入党的愿望。党的十一届三中全会后，这个愿望更强烈。周孔章教授一生热爱党、热爱祖国，忠诚于党的教育事业，他用脚踏实地的工作实践了甘为人梯的奉献精神。

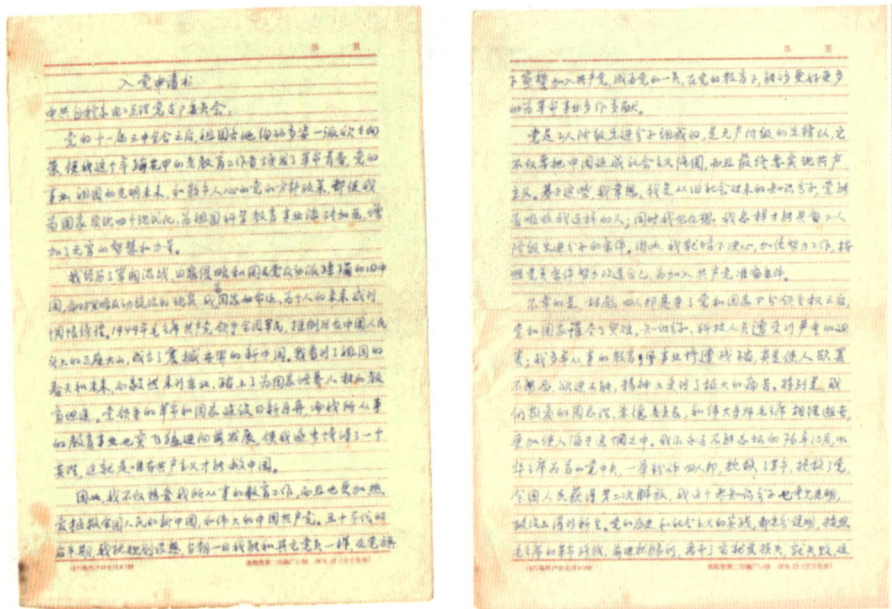

图13　周孔章在入党申请书中表达了对党的赤诚之心

精神印象

周老师十分关怀青年教师，热心提升青年教师的业务能力。言传身教、孜孜不倦，是周孔章老师一生的写照！我们无比缅怀周孔章老师！

——殷洪义（东北大学信息科学与工程学院离退休教师、工业企业

自动化专业1965级学生）

周孔章教授一生严谨治学，对待学问及教学一丝不苟，给当时身为青年教师的我留下了很深的印象。他对待科研及教学中的问题，直

言不讳，为人十分正直。他身上彰显着老一代东信人的精神，值得东信后辈传承和学习！

——周瀛（东北大学信息科学与工程学院离退休教师、工业企业自动化专业 1961 级学生）

供稿人简介

周祖闻，女，湖南湘潭人，1949 年出生，周孔章之女。

为人为学 风范长存

——记中国工业企业自动化领域专家顾兴源教授

生平简介

顾兴源（1928—2007），江苏无锡人。1951 年毕业于清华大学电机工程系，同年被分配到东北工学院任教，教授，博士生导师，自动化研究室主任。国务院政府特殊津贴获得者，国务院学位委员会通讯评议专家组成员，《中国冶金百科全书》总编委会委员兼《冶金自动化卷》编委会主任，中国自动化学会应用委员会委员，中国硅酸盐学会自动化委员会委员，辽宁省自动化学会常务理事兼计算机技术应用委员会主任，IEEE（The Institute of Electrical and Electronics Engineers）会员，《控制与决策》编委。研究方向：计算机控制系统、自适应控制、鲁棒控制。主要研究成果："NOVA 小型计算机配过程通道项目"（软件负责人）1978 年获冶金部、辽宁省和沈阳市科研成果奖；"玻璃纤维拉丝炉温度微机自适应控制系统"（主持）1986 年获辽宁省科技进步三等奖；"多变量自适应控制"（合作）1988 年获国家教委科技进步二等奖。主要著作：《计算机控制系统》（独著），冶金工业出版社 1981 年出版。在国内外著名学术刊物上发表论文 40 余篇。

同学少年　风华正茂

1947 年 8 月从上海市沪新中学毕业后，顾兴源以理科第一名的成绩考入清华大学电机工程系，并获得全额奖学金。抗日战争时期，清华大学和北京大学、南开大学在昆明组成西南联合大学。抗战胜利后，西南联大结束，清华大学在北平复校。1946 年 10 月，清华大学开始招收复校后的第一届学生，顾兴源是复校后招收的第二届学生。沐浴于水木清华阳光雨露之中，呼吸着清华园民主自由的空气，他如饥似渴地吸收知识，原本一本书需要十几天才能读完，他一两夜就读完了。那时用的教材大多是翻版的英文书，当时来不及译成中文，为了更好地学习专业课，他必须自学英语。他在没有音频、视频资料，没有稳定学习环境的条件下，天天坚持朗读英语，每天给自己规定阅读任务。凭着刻苦的精神和持之以恒的决心，半年之后，他的英语水平突飞猛进，可以无障碍地阅读专业英文图书、撰写英文论文，并能用英语做报告。

图 1　顾兴源清华大学录取名单

1946 年，清华大学复校后，中共清华大学地下党组织领导、团结广大同学，开展了一次又一次的反美蒋争民主的学生运动，顾兴源在斗争中得到锻炼，先后加入了民主青年联盟、新民主主义青年联盟、进步青年联盟等革命青年组织（解放初统称"新青联"）。1949 年 3 月 20 日，清华新民主主义青年团总支部成立，顾兴源参加了新青联盟员集体转团和新团员宣誓大会。

努力向学　敢为人先

1951 年，顾兴源从清华大学电机工程系毕业后，被分配到东北工学院，从此与东北大学信息学院结缘。

顾兴源早期为本科生讲授电机学、电力拖动和自动控制原理等课程。20 世纪 50 年代，中国的自动控制理论与工业自动化刚起步。为更好地学习最新理论，1961 年 12 月，作为访问学者，顾兴源到苏联莫斯科动力学院自动化与计算机工程系访问学习。在苏联期间，为更好地利用苏联的条件做研究工作，他要求对方提供研究的合作者，对方很快就满足了他的要求。他与苏联合作者一起取得了一系列的研究成果。1963 年 7 月，邓小平率中国共产党代表团前往莫斯科同苏联共产党代表团会谈，其间接见苏联留学生代表 4 人，顾兴源是 4 人代表之一。1963 年 12 月，顾兴源学成归来，开始从事自动控制理论与工业自动化的教学与科研工作，同时为研究生开设了计算机控制系统、动态系统辨别、自适应控制等反映新理论和新技术的课程，引领了学科方向。

顾兴源的爱好是读书和藏书，沈阳外文书店员工每进相关新书就会立即通知他去查阅购买。外文书店员工说他是沈阳买书最多的两人之一。后来，外文书店员工经常到他家，他们自然而然地成了好朋友。他的爱人回忆，当时家里的书柜不够用，于是衣柜、纸箱、床下、地上等到处都存放着他的书。在那个没有互联网的年代，只有通过大量阅读书刊才能真正了解学科前沿。

图 2　顾兴源（中）与同事合影　　　　图 3　科研中的顾兴源

随着现代工业生产的规模越来越大、过程越来越复杂，为了保证高产量、高质量、低成本和低能耗，自动化的要求也越来越高。顾兴源心里明白，由于人受到生理条件方面的限制，无论是在动作速度、动作精度和动作的一致性方面，还是在处理复杂问题的能力方面，都有一定的局限性。要想进一步地提高要求，就不得不借助自动化的理论和技术工具。至于常规的控制仪表和装置，在处理随机控制、最优化和多变量控制等方面的能力是极其有限的，且往往是不可能的，这些问题只有采用计算机控制系统才能解决。此外，计算机还具有记忆和通信的能力，借助这种能力，可以把一个复杂的生产过程组织管理起来，成为一个自动化的整体，使生产过程始终在最优的状态下运行，也就是构成一个集成生产控制系统，计算机控制系统在我国经济建设中会发挥越来越重要的作用。

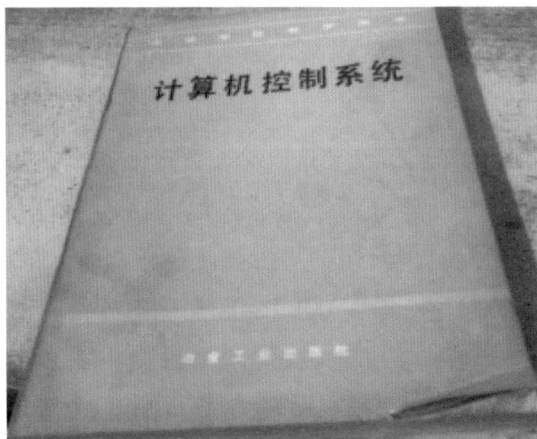

图 4　顾兴源编著的《计算机控制系统》

基于此，顾兴源多次给东北工学院计算机应用专业学生讲授计算机控制系统课程，也曾数次在东北工学院办的科技人员短训班和教师进修班上讲授该门课程。当时，计算机控制系统还是新开课程，没有可以借鉴的教材，他便开始着手编写《计算机控制系统》教材，介绍计算机控制系统的基础知识、基本理论和应用技术。顾兴源在科研态度上非常严肃认真，在撰写《计算机控制系统》一书时，对于计算机输入输出通道的特性，每每亲自到实验室，在单板计算机上进行验证。该书于 1981 年由冶金工业出版社出版，作为高等学校教学用书，供工科院校计算机应用和工业自动化等专业教学之用，也可以作为从事计算机应用和自动化工作的科技人员的自修读本。顾兴源编著的《计算机控制系统》一书，是我国最早的自动化专业教材之一。

学而不厌　诲人不倦

顾兴源有极高的语言天赋，并且学而不厌，在清华大学上学时自学英语，在苏联访问期间自学俄语，在肺炎住院期间自学日语，他的英语和俄语均达到口译水平，曾多次被国内院校请去做国际学术会议的英语翻译。同时，他的日语也达到能看资料和日常交流的水平。1985—1991年，顾兴源凭借突出的学术成果和出色的英语水平，先后10余次受邀参加国际会议，并做大会报告，先后5次受邀到美国、英国、澳大利亚、西班牙等国家讲学，他的研究成果受到国际关注和赞誉。其中包括：1985年参加第四届和1987年参加第六届美国控制会议（ACC）并宣读论文；1985年，在英国参加第八届国际自控联（IFAC）辨识与系统参数估计会议并考察部分高校；1988年9月，应邀去澳大利亚伍龙贡大学参加该校博士研究生答辩，并作短期讲学。

作为教育和科技工作者，顾兴源十分注重培养科技创新人才。1986年，他开始招收博士研究生。他始终站在研究领域的世界前沿，把最先进的科学技术传授给学生，如在讲授自适应控制课程时，基于极点配置的自适应控制算法、广义预测自适应控制算法等方面的知识，将科技期刊最新的论文内容介绍给学生。他在指导研究生撰写论文时，也非常认真，特别是在指导学生撰写英文论文时，从词汇、语句到结构，都细心指导，使学生获益匪浅。招收博士研究生时，他更重视在职刻苦自学的"大龄"学生，往往给这些学生更多的关注和指导。

图5 顾兴源（左二）指导学生

老而弥坚 自强不息

1988年9月，顾兴源在澳大利亚作短期讲学。一天，他在讲学结束后，一直沉浸在刚刚的讲学内容里，走出大楼时，不慎摔倒，头部正好撞到了玻璃门上，玻璃门破碎，划伤了他的右前额，被送到医院抢救，缝了十几针。尽管如此，他依然坚持完成讲学任务才回国。

由于头部受伤严重，治疗效果不佳，顾兴源的身体每况愈下，尤其是记忆力逐渐减退，但他还是以巨大的热情和精力投入到科研和育人工作中。为了不影响正常的教学和科研工作，他付出了更多的时间和精力，每天把所有的工作记录在本子上，完成一项及时做好记录。每天，他坚持从早晨6点一直干到下午一两点。他还常带些馒头，中午边吃边干，有时甚至在实验室待到晚上12点。他说："我要在我还能工作的有限时间里，把我毕生所学倾囊相授，让学生学有所成。"1988—1995年，他坚持指导和培养了10名博士研究生和22名硕士研究生。如今，他的学生活跃在自动控制领域，许多已成长为学术带头人。

1991 年，顾兴源应邀参加匈牙利布达佩斯 IFAC 辨识与系统参数估计会议，并宣读论文 3 篇。此次会议充分肯定了他的研究成果，并当即邀请他参加 1994 年第十届 IFAC 辨识与系统参数估计会议。但这次会议，他对自己是不满意的，他自己清楚，他脑部受伤的后遗症越来越明显，总是记着这件事就忘了那件事，在回国途中，不慎遗失了行李，包括各种证件、图书、衣物等，最后通过大使馆才得以找回。1996 年后，顾兴源身体每况愈下，只能卧病在床，但只要学生来看望他，跟他讲当年给学生上课的事，他迷茫的眼神会突然有了光彩。

2007 年，顾兴源因病去世，享年 80 岁。这位穷毕生心血为自动化专业奉献一生的科学家，他奋力拼搏的身影，不断朝着科学宝藏奋力奔跑的身影，永远跳动在那些生生不息的历史镜头中。

精神印象

顾老师始终站在研究领域的世界前沿，把最先进的科学技术传授给学生。顾老师在科学上的探索追求，在教育工作中的诲人不倦，为学生树立了光辉的榜样。

——毛志忠（东北大学信息科学与工程学院教师、
自动化专业 1982 级硕士研究生）

师承顾兴源教授，为其严谨的治学态度和广博的知识所深深折服，有幸聆听顾教授的谆谆教诲，何其幸运。与教授相处，他独特的人格力量和精神境界，对人生的乐观态度和对治学的求实求真，是我们应汲取的力量，并影响终身。

——吴成东（东北大学原机器人学院常务副院长、
工业自动化专业 1991 级博士研究生）

我大学放假回家，父亲在公共汽车站雇了三轮车工人帮拿行李，到家后父亲请工人师傅进屋喝茶休息，临走还送了当时比较高级的香烟等，工人师傅很感动。受父亲影响，我后来坐火车去深圳时，同车去广州的一个退休工人大妈有困难，我就在广州下车把她安置好，才去深圳。后来春节她带着家人来我家道谢。父亲平时一心扑在科研上，没有太多时间陪伴家人，但父亲的与人为善、一心向学、认真负责的品质，一直是我学习的榜样。

——顾新基（顾兴源之子）

供稿人简介

田志芬，女，浙江上虞人，1934年12月生，中共党员，教授，顾兴源夫人。

学界之净土　先生之良知

——记中国自动化领域著名专家潘德惠教授

生平简介

潘德惠（1928—2013），辽宁盖县（今盖州）人，教授，博士生导师。1949年毕业于东北大学理学院数学专业。1950年到东北工学院任教。1981年晋升为教授。1986年被批准为自动控制理论及应用专业博士生导师。早期从事应用数学的教学与研究工作。曾任中国数学会理事、东北运路管理学会副理事长、中国自动化学会经济管理专业委员会委员，冶金高校教书育人研究会副理事长、辽宁省管理数学会副理事长、名誉理事长，是政协辽宁省第五、六、七届委员会常委，民盟东北大学第一、二、三届委员会主任委员。

20世纪70年代初，潘德惠转向自动控制理论及应用方面的教学与科研工作，在国内较早地开展了冶金自动化数模的研制工作，有专著及编著、主编参考书 10 余种出版，在国内外学术刊物与国际、国内学术会议上发表论文百余篇，培养多名硕士、博士研究生。潘德惠教授先后获得"沈阳市有突出贡献的科技人员""沈阳市劳动模范""辽宁省劳动模范""全国普通高校优秀思想政治工作者"等荣誉称号，被教育部授予"高校科技工作 40 年成绩显著"荣誉证书，享受国务院政府特殊津贴。获东北大学师德标兵，东北大学、中共沈阳市委、沈阳市科教工委优秀共产党员等称号。

潘德惠教授严于律己，诲人不倦，用一生的努力诠释了光荣的人民教师形象。同时，潘德惠教授深耕科研，极大地推动了我国自动化领域的发展。

深耕科学研究

潘德惠毕业于东北大学理学院数学专业，是一名熟悉数学、热爱数学、精通数学的人。众人以为刚刚毕业留校任教的他会成为一名数学教师，留在舒适圈中游刃有余地进行研究与教学工作，但是他却选择从数学系转到自动控制系。因为当时新中国正处在工业发展最紧迫的阶段，需要大量的工业自动化人才，自动控制领域也需要数学这样基础学科的支撑，所以潘德惠义无反顾地投身到自动控制领域的研究中。由理科转为工科，其中的困难可想而知，但是潘德惠在东北工学院自动化研究室工作期间，利用自身的数学优势，很快补足自动化专业知识，并投身于自动控制前沿研究中，潘德惠以随机控制、分布参数系统控制见诸控制理论界。当时，自动化研究室中还有郎世俊、张嗣瀛、苏世权、顾兴源等人，他们是控制理论与应用专业博士点的建立者，是自动控制领域的学术巨擘与理论先驱。这个研究室代表着新中国成立初期最前沿的学术水平，拥有最浓厚的研究氛围。潘德惠在自动化研究室内与众位成员互相交流、互相学习，共同推动中国

自动控制领域发展。彼时学生以在东北工学院自动化研究室中学习为荣，也收获颇多。

图 1　潘德惠（左一）在进行学术探讨

探索学科融合

潘德惠在自动控制领域拥有多项杰出的科研成果，但是他并没有局限于单一学科的研究，而是开始探索学科融合。学科融合与学科交叉在如今依然是国家与高校大力推进的项目，而 20 世纪 80 年代潘德惠已经在不断探索学科融合与交叉，体现了潘德惠极高的学术敏感性、前瞻性与创新性。20 世纪 80 年代中后期，潘德惠转到管理工程系。当时国内理工科大学多有此类做法，如大连理工大学的王众讬、上海交通大学的王浣尘、天津大学的刘豹、西安交通大学的汪应洛、北京航空航天大学的顾昌耀、哈尔滨工业大学的黄梯云、中国科学院信息管理决策开放实验室的邓述慧等，还有很多理工学者转身管理科学与工程领域。科学本身就是融合的、交叉的，只有对多种学科进行交叉融合，才能不断推进科技创新、科学发展。

潘德惠认识到"科教兴国"战略中的科学不仅指自然科学和技术科学，实际上，它也应该且必须包含社会科学。潘德惠虽然长期从事自然科学工作，但常感到在社会科学领域里有相当多的问题有待深入研究。潘德惠决定一定要在社会科学、自然科学的基础理论及高新技术科学方面，全方位地奋勇进军。潘德惠认为，不同学科的交叉产生的效应往往不是各个学科各自效应的简单叠加，而是多出一份交互效应。潘德惠从经济学与数学自然交叉产生的计量经济学、数理经济学以及经济学和现代控制理论交叉产生的经济控制论吸取经验。潘德惠利用数学、自动控制理论与管理学科相融合，推动新中国的经典管理向现代管理转型。经典管理向现代管理转型的过程，浸透了无数学界前辈的心血和奋斗，现在人们大概会从更高的学术视野、更为客观地评说中国管理科学的这段历史，其中当然包括潘德惠在内的一代前辈的贡献。潘德惠将应用数学和控制理论方法或结合或应用于经济管理问题，培养了大量学生，包括 67 名硕士研究生、39 名博士研究生。

图 2　潘德惠工作照

图 3　潘德惠（中）指导学生

潘德惠的学生在城市、金融、经济管理与控制研究等领域多有成就。其中，郑立辉是中国少有的在 *Journal of Economic Dynamics and Control* 发表论文的青年学者。

奉献于教书育人

潘德惠先生一生潜心教书育人，把一生都奉献给了教育事业。多年来，培养了百余名硕士、博士研究生，可谓桃李满天下。师者，所以传道授业解惑也。潘德惠先生之所以广受学生爱戴，不仅是因为他对科研和教学的孜孜以求，更是因为他对学生的言传身教和悉心关怀。

要培养德才兼备的高素质人才，知识的传授固然重要，但更关键的是要引导学生树立正确的思想观念，做好学生的思想教育工作。潘德惠先生很早就认识到，思想教育不仅仅是学生辅导员的事情，更是所有教师的使命和责任。只有"教书"和"育人"并重，才能称得上是"人类灵魂的工程师"。

潘德惠先生十分关心学生的思想情况。在和研究生接触过程中，他注意倾听学生的想法，观察他们的表现，发现当时有的学生在观念上存在一些误区，比如将学业之外的活动和工作视为额外负担，不愿意做专业实验的准备等具体工作；比如盲目崇洋，认为发达国家科学技术先进，对国内的科技发展缺乏信心；比如科研当中不重实践，有取巧心态，以纯理论研究来逃避实际问题研究；比如学风不实不正，学术文献阅读不认真，引用不规范，将已有成果整理一番当作自己的"创新"……这些问题都让潘德惠感到忧虑。他也在思考：应该怎样教育这些"天之骄子"，让他们真正成长为对国家和社会有用的优秀人才？

以身教者从，以言教者论：为了做好学生的思想教育工作，潘德惠先生除了为学生定期举办专题讲座以外，还常常与学生交流谈心，循循善诱，在学生心中植入真善美的种子。

潘德惠先生常常向学生讲述自己上大学时的经历，曾经的青年不是不够优秀和努力，而是缺少能够获得学习深造的机会。党的十一届三中全会以来，在党的正确领导下，高等教育蓬勃发展，青年学生才能享受到更好的环境和机遇。通过今昔对比，学生认识到当今学习环境和求学机遇的来之不易，思想认识有了提高，行动上也逐渐有所转变。

为了增强学生的民族自信，潘德惠先生带领学生回顾历史，着重讲述了中华民族对世界文化所做的贡献，历数了我国历史上一些著名科学家的重大发明创造，还分析了我国从文明古国变成落后国家的历史原因。他教育学生要认真学习国外的先进科学技术，但切不可盲目迷信、妄自菲薄，应该有民族自信心和民族自尊心。

是恩师，也是严师。潘德惠先生对学生的要求十分严格。潘德惠先生坚持理论联系实际的观点，他教育学生理论研究固然重要，但通过解决实际问题提炼出来的理论才是真正有价值的理论。如果国家培养的高级专门人才都去研究理论而不解决实际问题，那么对于提升国家科技水平的作用就会十分有限。因而，在研究生论文的选题上，潘德惠严格把关，引导学生从生产实践中去选题，将研究结果应用于实践、接受实践的检验。而对于在科研中投机取巧的错误行为，潘德惠则严肃地指出，科学研究是来不得半点虚假的，实事求是是一名科技工作者应起码具备的思想素质。

潘德惠认为教师要有甘当人梯的精神，要给学生提供锻炼的机会。只要有学术交流的机会，他都鼓励青年教师和研究生积极参加。1984年，潘德惠受邀在一次全国性的学术会议上做报告，特意推荐一名青年教师参加会议，使这名青年教师受益匪浅。1985年，潘德惠提供4篇论文参加4个不同的国际学术会议，其中有3篇是与自己指导的学生合作完成的。这些活动使青年同志既得到了锻炼，又开阔了眼界、增长了见识。对于已经毕业的学生，潘德惠也仍然同他们保持联系。他的一名研究生毕业后被分配到北京某院校工作，这名学生年龄小、社会经验不足，在校期间对自身要求不严，潘老师担心他不能适应工作岗位，多次写信告诫他要处处严于律己，并且每次到北京出差都挤出时间去看望这名学生，同他交流思想和工作经验。在潘老师的教育和影响下，这名学生一改之前懒散的工作态度，得到领导和同事的好评。

潘德惠曾经手书《礼记·中庸》十九章首段，"博学之，审问之，慎思

之，明辨之，笃行之"，这是一位老知识分子一生的写照。能让学生永远铭记，这是一名教师最高的荣誉。在年轻一代学生心中，潘德惠不但是一名模范教师，更是理想人格的投射，潘德惠心怀民族国家、推崇科学真理的价值观念深深地影响了他所教过的每一名学生。从青年学生对潘德惠的评价中，时刻能感受到他们对一名教师最纯粹的尊敬和敬仰，不禁让人感慨师者应如是，青年有希望。

精神印象

悼泪滴心中，潘师予我情。

德高望重者，惠济众学生。

永世为人范，远方有塔灯。

怀仁显智慧，念梦忆音容。

潘德惠老师学为人师、行为世范，值得全院师生学习！

——井元伟（东北大学信息科学与工程学院教师、自动化专业
1981 级研究生）

潘德惠教授学识渊博，多才多艺，深受校内外师生赞誉。潘老师一心扑在工作中，不仅教书授业，而且精心育人，从思想政治到家庭生活全方面关心爱护学生。潘老师的谆谆教诲让我终身受益。

——高利群（东北大学信息科学与工程学院离退休教师、控制
理论与控制工程专业 1982 级硕士研究生）

供稿人简介

潘永娴，女，辽宁沈阳人，1953 年 11 月出生，潘德惠之女。

敢为人先　科研先行

——记中国系统动力学先驱裴伟民教授

生平简介

裴伟民（1935—2002），浙江上虞人。1953年9月—1957年7月于东北工学院电力系就读，1957年8月—1995年9月于东北工学院（1993年复名为东北大学）工作，是东北大学系统工程专业的创始人之一，他在宏观社会经济的系统工程研究领域有着精深的研究。早年曾为"辽宁省工业发展和能源需求分析"及"2000年辽宁"和"2000年沈阳"两个社会经济系统预测与政策分析的大型项目做出巨大的贡献。他是我国引入和推广系统动力学的先行者，也是东北大学用定量方法做软科学研究的第一人。

社会经济系统的定量化研究是系统工程的一个重要领域，东北大学曾经在这一领域有很大的学术影响力。其中，在该领域做出卓越贡献的学者当属信息学院裴伟民教授。

深耕政府咨询　服务地方发展

　　1986 年，国际知名的大系统理论学者辛格要到西安交通大学讲学，西安交大邀请东北工学院派人参加。杨自厚教授派课题组教师汪定伟参加，让汪定伟老师到裴伟民老师那里去借差旅费。当时东北工学院系统工程专业有两个研究方向：一个是以杨自厚教授为首的做工厂企业等微观系统的主流方向，大部分老师都在这个领域；另一个就是裴伟民老师主持的做宏观经济系统的方向，基本上只有裴伟民老师和他的研究生在做。当时汪定伟老师也参加了鞍钢能源中心的开发项目，应该属于杨自厚老师项目组成员。裴伟民老师见汪定伟老师来借差旅费，觉得很诧异，不过他什么也没说，就在汪定伟老师的借款单上签了字。

　　等汪定伟老师从西安回来找裴伟民老师签字报销时，裴伟民老师问汪定伟老师愿不愿意到他的课题组来工作。裴伟民老师说他的课题组做的是省市的项目，现在缺人，最大的好处是不用到外地出差。当时，汪定伟老师的女儿刚上幼儿园，爱人在沈阳机床三厂上班，每天回家很晚，星期天还不休息，接送孩子上幼儿园是汪定伟老师夫妇的最大难题。所以不出差对汪定伟老师有极大的诱惑。汪定伟老师第二天便向教研室主任王梦光老师提出要到裴伟民老师课题组工作的请求。汪定伟老师的行为在当时看来是很与众不同的。当时留校的青年教师大多是本校毕业的，留校后默认要加入自己导师的团队。而汪定伟老师是从外校（华中工学院）毕业后被分配来的，来校后就跟着李宝泽老师做科研，但这一层约束并不具有强制性，于是汪定伟老师成功地"跳槽"到裴伟民老师麾下。

　　裴伟民老师当时承担着"2000 年辽宁"和"2000 年沈阳"两个社会经济系统预测与政策分析的大型项目中的子课题，其中科技与教育两部分都是他们的研究工作。汪定伟老师调过来后，裴伟民老师非常高兴。当时他们的主要工作是到省市的各个部门去讨要数据和资料，征集相关领导和同志的意见和观点。当时也没有汽车，自行车便是他们唯一的出行工具。不管刮风下雨、积雪路滑，只要有事，裴伟民老师就领着课题组老师骑车前往。裴伟民老师早先做过省里"能源与工业结构研究"的工作，省市部门的领导和工作人员都对他极为尊敬，显然这跟他能出色地完成研究工作和认真负责的工作作风是分不开的。

裴伟民老师课题组当时跑的最多的地方是辽宁省发展研究中心和辽宁省科技情报中心，还有辽宁省统计局，只是次数稍微少一些。有裴伟民老师帮课题组打好基础，课题组做后续工作就容易多了。

图1 裴伟民（左）与外籍教师合影

系统动力学先驱　引领国内学科发展

东北大学研究省市的2000年科技和教育采用的模型方法是美国麻省理工学院（MIT）的著名学者福瑞斯特（J．W．Forrester）教授提出的系统动力学（systems dynamics）。当时引起全球关注的探讨人类未来的"增长的极限"的研究就是基于系统动力学得出的。所以，当时系统动力学是非常热门的研究方法。裴伟民老师和上海机械学院的王其藩老师都是我国系统动力学的先驱者，只不过王其藩老师是麻省理工学院（MIT）留学回来的，又出版了《系统动力学》，名气更大一些。当时，信息学院并没有开设系统动力学课程，裴伟民老师就给课题组讲授要点，领着课题组教师讨论、做软件系统试验。

系统动力学是一个分析难以量化的宏观系统的有力工具，其建模的关键是要找出系统中各因素之间的因果关系，画出因果图，进而得出仿真模型。裴伟民老师凭着他在社会经济系统方面的丰富知识和经验，在汪定伟老师做科技系统的因果图时，每每与他谈论，令汪定伟受益良多。正是裴伟民老师的耐心教导，把汪定伟老师等青年教师领进了系统动力学这扇大门。后来汪定伟老师去美国参加系统动力学世界大会，聆听了福瑞斯特教授的"炉边谈话"，回国后，又在国内系统动力学大会上做报告，他认为这些成绩都要拜裴伟民老师所赐。

图 2　系统工程学科教师合影

做"2000 年辽宁"预测这类软科学研究工作，除了要做模型和仿真之外，还要会写报告。课题组很多教师早年搞过文学创作，文字功底自然不差，但是写宏观经济系统的分析，在策略建议方面就不尽如人意了。裴伟民老师是这方面的高手，无论是文字功夫还是策略分析都是一流，再加上他一手刚劲的好字，让课题组教师钦佩不已。辽宁省和沈阳市，科技和教育，一共是 4 份研究报告，主要靠裴伟民老师和课题组教师来写。当时，还没有文字处理系统，所有文稿都是人工写在稿纸上，再去打字社花钱打印。记得那年 4 份报告都写完后，裴伟民老师跟汪定伟老师说："你看我的稿子前面笔迹颜色深后面颜色浅，我都快写不动字了！"当时汪定伟老师一阵心疼，裴伟民老师实在太累了！他不但要自己写，而且要帮课题组教师改，还要督促研究生的工作，工作量远比普通教师要大。

两个"2000 年预测"项目完成后不久，省政府办公厅的李增祥副主任便把课题组教师找了去，探讨教育经费投入的策略研究，后来项目题目定为"辽宁省教育投入促进经济发展的研究"。能够拿到这个项目，跟课题组在"2000 年教育预测与策略分析"上的研究成果分不开。这个项目虽然只有 1.5 万元经费，但是意义重大。课题组除了对省市的教育经费投入进行了定量分析，还分别对兴城和绥中两个基层县进行了调研，又下工厂对企业的职工教育的作用进行了分析，终于取得了很好的研究成果。课题组除了得到省里的软科学科技成果外，还在国内外会议和杂志上发表了多篇学术论文。

德高为师　身正为范　先生精神影响深远

裴伟民老师在科研经费的使用上从不谋私利，无论是差旅费报销，还是生活补贴，乃至人员酬金，他都是公平公正地分配，真正做到了大公无私。他的这种精神对课题组教师的影响很大，以至于后来课题组承担马钢大型集体项目时，大家也效仿裴伟民老师的做法，尽可能做到经费使用与酬金分配公平公正公开。1989 年，汪定伟老师得到了去美国进修的机会。由于汪定伟老师赴美进修是他自己联系的，因此属于自费公派性质。当汪定伟老师拿到美国签证时，却没有钱买赴美机票，裴伟民老师给予他最大的支持，让他用"教育投入"项目的经费支付了机票款。当时赴美单程机票需要 5000 多元，几乎花光了这个项目所有的结余。

裴伟民老师去世后，东北大学在宏观社会经济系统工程方面的工作便

中断了。省市相关策略研究的项目也日渐减少，这不能不说是东北大学的一大损失。裴伟民老师离世时还不到 70 岁，实在是太可惜了。裴伟民老师是一名难得的好老师。

精神印象

裴伟民老师是我校系统工程专业的创始人之一，其在社会经济系统工程方面的研究成果突出，做过很多项目，也获得过多项省部级科技进步奖。裴伟民老师的学术造诣很高，在国际上也享有盛誉。他治学严谨、学识渊博、工作勤奋、待人谦和，是一名难得的好老师。

——刘树安（东北大学信息科学与工程学院教师、系统工程专业

1986 级硕士研究生）

裴伟民老师是一个低调而又有内涵的人。在我刚进入系统工程教研室的时候，他已经获得国际上一个奖项，但同他聊起时，他说："我那只不过是一个小的奖项，不足为提，争取以后多多努力工作，争取更多项目。"他是我国引入和推广系统动力学的先行者，也是我校用定量方法做软科学研究的第一人，是系统工程学科优秀的教师。

——许宝栋（东北大学信息科学与工程学院离退休教师）

供稿人简介

汪定伟，男，江西彭泽人，1948 年 11 月出生。曾任东北大学信息科学与工程学院教授、博士研究生导师。2015 年退休。

十年磨一剑

——记中国人工智能与机器人领域著名专家徐心和教授

生平简介

徐心和（1940—2019），黑龙江哈尔滨人。1964年毕业于东北工学院（今东北大学）自动化专业，后留校任教。1983年晋升副教授，1985年晋升教授，1990年成为博士研究生导师。

先后主持国家自然科学基金项目5项、国家"863计划"项目7项，参与国家"八五""九五"攻关课题2项，完成其他纵向与企业横向课题30余项。获得国家发明专利2项，科研成果先后有10次获得国家和省部级科技进步奖。

他在国内率先开展微型足球机器人的研究与开发，组织并领导的东大牛牛代表队于1999年8月在巴西第四届机器人足球世界杯赛上获微机器人足球第五名、标准动作比赛冠军，实现了中国机器人足球在世界杯赛场上金牌零的突破。东大牛牛先后参加了"光辉的历程——中华人民共和国建国50周年成就展""'863计划'15年成就展"，并于2002年5月在韩国举办的机器人足球世界杯赛上取得一银两铜的好成绩。

2003 年开始从事机器博弈——中国象棋的计算机博弈的研究工作。2004 年在东北大学成立棋天大圣代表队。2006 年夺得中国首届机器博弈锦标赛冠军。2006—2007 年，夺得世界计算机（棋类）奥赛中国象棋冠军，并在挑战中国象棋特级大师的对弈中取得优异成绩。

1991 年被评为沈阳市、辽宁省优秀教师。1992 年被评为辽宁省先进（科技）工作者。同年获国家有突出贡献的教育工作者奖励，享受国务院政府特殊津贴。1996 年被评为辽宁省优秀专家。

厚积薄发　志在千里

"暮年方知夕照短，不用扬鞭自奋蹄"是徐心和教授的座右铭。1982 年他从美国回来时，便将此话写下压放在桌案上。他总挂在嘴边的话是"时间就是金钱，效率就是生命"。从教多年来，他一直这样孜孜不倦和高效率地工作着，努力实现自己的人生价值。

1964 年，徐心和以全优的成绩毕业于东北工学院自动化专业，后留校任教。1980 年，当他作为访问学者踏入美国伦塞莱尔工学院（RPI）校园时，面对与他同龄的美国教授，面对各方面巨大的差距，他颇感心有余而力不足。他一方面如海绵吸水一样汲取着知识，另一方面又暗下决心："不要着急，我也许还和你们有差距，但一定会让我的学生赶上你们。"1982 年，他按期回国，立即投入到紧张的教学和科研当中，同时承担了一些繁重的行政工作。他先后担任东北大学自动控制系副主任，自动化研究所副所长，研究生院常务副院长，控制仿真中心顾问，人工智能与机器人研究所所长、名誉所长。此外，他还担任中国自动化学会理事，中国人工智能学会理事，中国系统仿真学会常务理事，科普与教育工作委员会主任，辽宁省自动化学会副理事长，辽宁省系统仿真学会理事长、名誉理事长，中国学位与研究生教育学会理事，国家 863 CIMS 专题专家组成员，国际机器人足球协会执行委员，机械制造系统工程国家重点实验室学术委员会委员，中国科学院机器人学开放实验室学术委员会委员，中国自动化学会机器人竞赛工作委员会副主任，CCTV 全国大学生机器人电视大赛评委会委员兼裁判长（2003、2004），并任《基础自动化》《控制与决策》《东北大学学报（自然科学版）》《信息与控制》《系统仿真学报》等刊物的编委。

任教以来，他先后讲授过半导体器件、现代控制理论、离散事件动态系统、计算机仿真、模糊控制、CIMS 概论、机器人学等 10 余门课程。讲课效果良好，深受学生欢迎。主要涉足的科研领域有：自动控制理论及应用、离散事件动态系统与混杂系统、模式识别与人工智能、计算机控制与仿真、智能控制与调度、计算机集成制造系统、智能机器人、机器视觉、虚拟现实、医学影像处理等。

他先后在国内外学术刊物与重要学术会议发表论文 300 余篇。代表著作（合编）有《控制系统计算机仿真与辅助设计》。主持完成国家自然科学基金、"863 计划"项目 12 项，参与国家"八五""九五"攻关课题 2 项，攀钢、宝钢等企业课题 20 余项。其中，8 项通过省部级鉴定，获科技进步奖国家级三等奖 1 项，省部级一等奖 2 项、二等奖 2 项，国家专利 2 项。由于工作成绩突出，他被评为东北大学优秀共产党员、沈阳市优秀教师、辽宁省优秀教师、辽宁省先进（科技）工作者、国家有突出贡献的教育工作者和辽宁省优秀专家、国家"863 计划"CIMS 主题先进工作者等。

与改革创新结伴而行

"创新是民族进步的灵魂，是社会发展的不竭动力。"徐心和的工作也总是和改革与创新结伴而行。20 世纪 80 年代初，他是东北工学院最早开展自适应控制研究，最早在国际会议和刊物上发表自适应方面的学术论文，也是最早在校内编印有关教材（1982），并讲授自适应系统课程的。由他组织开发的"线性最优控制软件包——XXZY83D"是东北工学院控制学科最早的软件成果（1984 年通过冶金部组织的鉴定）。几年之后，当研究自适

应的师生越来越多，在东北工学院已经形成颇具规模的研究群体之后，徐心和教授又开始了在新领域的探索。1986 年，他开始了离散事件动态系统（DEDS）的研究，成为用代数方法研究 DEDS 的国内先驱者。他和同事撰写了诸多关于 DEDS 的文章，文章多次被国内同行引用。研究工作也得到了国家自然科学基金、博士点基金的资助。由于这一方向与计算机集成制造系统（CIMS）关系紧密，他从一开始便得到国家"863 计划"的支持，并一直是国家 863 CIMS 专题专家组成员。他还发起并在东北大学组织召开了 IFAC 学术会议。这一阶段取得的成就，使得徐心和在国内控制界有了一席之地。1995 年、1997 年，他两次参加中韩控制界高层学者研讨会。经过 10 年关于 DEDS 和 HDS（混杂动态系统）的研究之后，他又开始瞄准控制领域新的前沿课题——智能控制与智能机器人。

图 1　徐心和（左二）、张嗣瀛（左一）和外国学者开展学术交流

图2　徐心和（左三）与团队师生在一起

在瞄准科技前沿的同时，徐心和也没有忘记服务经济建设主战场。20世纪80年代后期，他在比较困难的情况下，承担起东北工学院前所未有的大型科研课题——攀枝花钢铁公司管理信息系统开发的领导工作。经过两年多的艰苦奋战，不仅如期完成了任务，而且获得冶金部科技进步一等奖。他领导的仿真中心还是东北大学最早进入宝钢、在宝钢完成科研课题最多和最好的单位之一。

图3　徐心和（前排右二）主持攀枝花钢铁公司科研项目

图4　徐心和（前排左四）主持攀枝花钢铁公司科研项目

　　1997年，当他在韩国参加亚洲控制会议，发现在机器人足球世界杯赛场上还没有中国人的身影时，中国科技工作者的责任感油然而生，决心在这个小型高科技对抗平台上一展中国人的风采。徐心和是中国足球机器人研究的积极倡导者与组织者。由他领导的东大牛牛代表队成为中国第一支机器人足球队，不仅在1999年的世界杯赛上实现了金牌"零"的突破，而且被教育部邀请进京参加"光辉的历程——中华人民共和国建国50周年成就展"，被科技部批准参加"首届中国国际高新技术成果交易会"（1999）和"'863计划'15年成就展"（2001），中央电视台为此拍摄了"科技博览"和"2000年元旦特别节目"。从此，东大牛牛成了东大名牌，东大的机器人学科也在国内有了一席之地。

图5　徐心和（中）指导足球机器人项目研究

图6 1999年，徐心和（右）率队实现中国机器人足球在世界杯赛场上金牌"零"的突破

　　2000年，学院改革，徐心和出任人工智能与机器人研究所所长。他义不容辞地挑起了这副重担，周密安排研究所的三大建设——学科、环境、制度，经过全所上下的共同努力，很快便初见成效。2001年，学校的"211工程"将人机所作为重点建设单位，一下子使人机所面貌一新，进入新的发展阶段。模式识别与智能系统学科不仅有了百余名的研究生队伍，培养出一批批优秀的硕士、博士毕业生，2002年还被批准为辽宁省重点学科。东大的机器人不仅获得了教育部、科技部领导和国内同行的认可，而且在国际上也有了一定的影响。随着中韩合作课题、中朝合作课题相继结题，并与美国密歇根理工大学开展合作，人工智能与机器人研究所形势一片大好。2002年5月，他率队赴韩国参加机器人足球世界杯赛，一举夺得1块银牌、2块铜牌，成为获得奖牌数最多的代表队。同年6月，在上海举行的机器人足球全国比赛中，获4项冠军。8—9月，沈阳制博会期间，组织机器人足球国际邀请赛，获得圆满成功。10月，在德国多特蒙德举行的世界6强邀请赛上，击败德国队，勇夺第三名。

　　2002年，学院领导班子全面年轻化，徐心和将所长的岗位交给了年轻有为的归国博士，开始担任名誉所长，集中精力进行学术上的攻坚战。经过缜密调研和创新思考，他提出了一个更加宏伟的学科建设方案，取名为"十年磨一剑"。一方面，他要告诫年轻同志，学科建设是一个长期艰苦的工作，不可能一蹴而就；另一方面，他盘算，在全面回到学术岗位的有限时间内，一定要建设一流学科。

图7　人工智能与机器人研究所教师队伍（徐心和在二排右三）

他常常讲："我赶上了国家和学校的最好时期。国家重视科技教育，学校加大了学科建设的投入。作为一名老教师，我一定要带好年轻人，加快赶超国际先进水平的步伐。"为此，他又多招了不少学生，并总是超负荷运行，紧张时，一天要工作四段时间。他深知，培养学生攀登科学高峰，在学科前沿拼搏，仅靠学生自己的力量是不行的。要带领学生做出创新性成果，写出高水平的文章，导师必须能为他们发现问题、提出意见、指明方向。导师必须以身作则，身先士卒。正是由于徐心和教授高瞻远瞩、统筹兼顾、全力以赴、只争朝夕，带领研究所的同志们心往一处想、劲往一处使，研究所才不断取得新的成绩。经过一段时间的预研，研究所为学科建设开展了具有国内领先水平的项目：足球机器人研发与创新基地建设、异构双腿走行机器人、嵌入式智能机器人开发平台、视觉伺服手术机器人等。2002年12月，研究所与东软集团数字医疗公司筹划成立医学影像处理实验室。2003年10月，与"深蓝"握手，开始中国象棋计算机博弈课题研究。2004年5月13日，正式成立东北大学棋天大圣代表队，并逐步在国内发起中国象棋的计算机博弈挑战杯赛。多年过去，屡创佳绩，收获颇丰。

图8 徐心和（左）与"深蓝之父"许峰雄握手

图9 徐心和（中）为棋天大圣代表队授旗

相信，在不久的将来，一批独具特色的科研成果将在这里诞生，一个在国内外有一定影响的一流的智能机器人学科将在东北大学脱颖而出。这既是徐心和教授心中的蓝图，也是他在苦心锻造的"剑"。

"顶天立地"的科研方针

多年来，徐心和教授一直没有忘记他在美国暗下的决心，要让他的学生赶超国际先进水平。无论是教学科研，还是从事行政工作，他始终都将教书育人作为本职工作铭记心上。如何才能培养出一批又一批优秀的学生？徐心和认为，除了导师的积极努力与严格要求外，还离不开学术集体的良好氛围、先进的研究方向与科研课题。于是，他首先致力于学术集体的梯队建设。由他领导的东大仿真中心和人机所就是一个对内有凝聚力、对外有竞争力的学术集体。他们凝练出牛牛精神：踏实刻苦，真诚合作，心系祖国，开拓创新。他们的奋斗目标是："出成果、育英才、创效益、求发展"。科研方针是"顶天立地"。为此，徐心和教授和同事不断调整科研方向，努力争取科研课题，使学生在科研实践中茁壮成长。有一段时间，他发现做纯理论课题的学生毕业后的适应能力十分有限，就想方设法地找机会让学生到实际课题中锻炼。徐心和老师培养学生十分注意言传身教。作为一个有着38年党龄的老党员，他时刻按照党员标准严格要求自己，要求别人做到的首先自己要做到。他不尚空谈，不求名利，有着很好的政治素养与政策水平，特别注意学生的思想倾向与个人修养。他除了经常做报告，讲留学见闻，讲"863计划"，导引学生的爱国热情，还写了一首诗作为给毕业生的临别赠言："深入地考察 / 辩证地思索 / 有理由 / 愉快而高昂地迎向生活。/ 难忘的寒窗 / 待兴的祖国 / 没理由 / 不为祖国四化大业拼搏。"徐心和教授严格要求学生，希望学生健康成长，做出成绩，成为他的"骄傲"。他努力完善自己，也要让学生"为有他这样的导师而骄傲"。他的学生在学位论文的致谢中都会提到敬爱的徐心和老师：从徐心和老师身上，他们不仅学到了先进的知识，而且学到了做人的哲理，让人终身受益。这也可能就是徐心和老师的人格魅力。徐心和教授已培养博士研究生80余名、硕士研究生 90 余名。另外，还有 3 名博士后和 1 名朝鲜访问学者。毕业学生中已有多人成为教授、研究员，还有的成为博士研究生导师及系主任、所长、院长、校长等，绝大多数都成为单位的业务骨干。

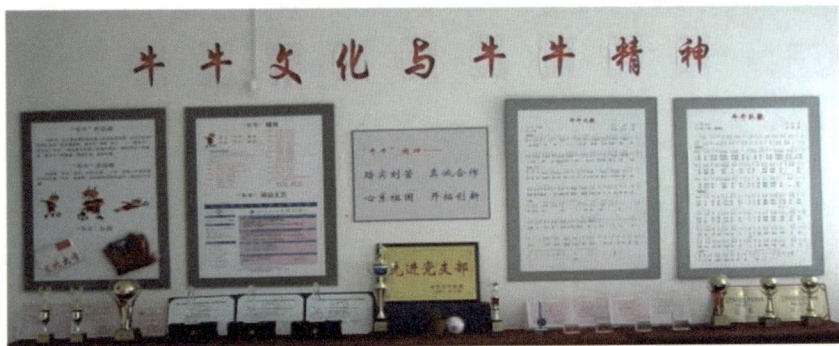

图 10　牛牛文化与牛牛精神

图 11　学生为徐心和庆贺七十寿辰

孜孜以求　奋斗不息

2000 年，已到花甲之年的徐心和教授已是功成名就，但他还像以前一样，孜孜以求地读书、勤勤恳恳地工作。"为的是什么呢？按说你的下一个奋斗目标只能是院士了。"老朋友这样问他。

"追求院士已经是不可能的了。"提起过去，徐心和教授难免有些遗憾，但更多的还是看向未来。"现在我身体还好，离博导退休还有 3 年的时间，至少我还能再培养三四十名博士。"他是这样说的，也是这样做的。眼下他带的博士研究生就有 40 多名。"我总想，我练就的'浑身解数'还可以派上些用场。"

这也正是徐心和教授的夙愿——让东北大学在人工智能与机器人领域跨入国内外先进行列。

精神印象

我和徐心和教授共事了 20 余载，他是我最敬重的老师，也是我最好的同事。他给我的一个深刻印象是：学识渊博。特别是在人工智能与机器人博弈领域更具有独特的见解和造诣，为我国人工智能与机器人博弈领域的发展做出了突出的贡献。他给我的另一个深刻印象是：待人友善，平易近人，尊重他人。和他在一起工作，总给人一种有你有我有情有义的感觉。有相互的信任和尊重，有共同的辛劳和拼搏，更有共同的辉煌和快乐！

——孙鹿君（东北大学信息科学与工程学院离退休教师）

徐心和教授是我的老师，也是我教学与科研工作的领路人与学习的榜样。我第一次见到徐心和老师是在研究生英文课程"模型参考自适应控制"的课堂上。那时徐心和老师刚从美国回国，英姿勃发，用流利的英文介绍深邃的科学知识。徐心和老师将他的"控制系统仿真与 CAD"课程传授给我，并悉心指点，使得我们的课程逐渐建设成国家级精品课程与国家级精品资源共享课程。徐心和教授对科学研究有非凡的洞察力与韧劲，曾提出科研"顶天立地"的口号。他早年从事控制理论、系统仿真与离散事件动态系统的研究，颇有建树；后来在国内最早进行机器人足球与机器博弈等研究，取得骄人的成绩，并开创了东北大学的人工智能学科。

——薛定宇（东北大学信息科学与工程学院教师、自动化专业
1985 级硕士研究生）

徐心和教授是我的恩师，徐心和老师不仅学术眼光敏锐，而且工作起来极为敬业勤勉。在我求学阶段，总是能够发现，只要不出差，徐心和老师肯定是最早到实验室的一个。徐心和老师曾经告诉我说，以前研究条件不好，现在科研环境得到了极大的改善，就必须要抓紧时间再多做点事情。他还经常用一句改编过的诗句来反映自己的心声——"暮年方知夕照短，不用扬鞭自奋蹄"。徐心和老师的爱岗敬业精神一直深深地影响并鼓舞着我，我经常告诫自己在以后的工作岗位上不懈怠、不偷懒。

——谭树彬（东北大学信息科学与工程学院教师、控制理论与控制
工程专业 2003 级博士研究生）

供稿人简介

潘峰，男，河北景县人，1976 年 2 月出生，中共党员，工学博士，副教授，现任东北大学信息科学与工程学院党委副书记、纪委书记。

为了失明者的发明

——记盲人科技工作者包涤生老师

生平简介

包涤生（1930—2021），黑龙江宁安人。从东北工学院采矿系毕业后，被调到信息学院工作。后重回电力系61工企复读，直至毕业。留校后，被分配至工企教研室（原拖动教研室）。工作后，因双眼患黄斑色素变性，一直进行治疗，但效果甚微，直至双目失明。包涤生老师以顽强的意志、乐观向上的精神、热情待人的风格、平易近人的作风、虚心学习的态度，带病工作，获得"全国自强模范""辽宁省自强标兵""辽宁省关心下一代先进个人""辽宁省'四自'标兵""辽宁省三八红旗手"等荣誉称号，并与教研室教师以"为盲人做实事、做好事"为初心开展科研攻关，担任学生班主任，并以自己的行动教育和影响学子树立正确的"三观"。在与病魔抗争的几十年里，她以共产党员的坚韧意志顽强拼搏在科研事业上，为盲人教育事业贡献了毕生力量。

失去光明　立志担当失明者的"引路人"

1987 年 10 月 17 日，东北工学院的会议厅内座无虚席。几十位特殊教育工作者和科研工作者聚集在这里，对两件不寻常的教具进行严格检验和科学评定。

一位代表问："204304 开平方等于多少？"只见一名盲童在一块书本大小的插盘上插上插子，很快算出了正确答案；另一名盲童按动计算器，通过输出端的盲符准确地报出运算结果。演示成功了！

当发明人介绍研制经过的时候，大家看到，这两种盲文教具的发明者

图 1　包涤生进行教具演示

原来是一个盲人。她，就是东北工学院的女工程师包涤生。

20 世纪 60 年代初，大学刚毕业的包涤生留校担任助教。她不知疲倦地工作和学习，渴望有一天能够成为女教育家、女科学家。就在她充满青春的美妙幻想之际，被一场眼病无情地夺去了光明，黑暗从此笼罩着她。但是，包涤生不甘心听凭命运的安排，她想：双目失明了，我还有双手和大脑，只要和黑暗抗争到底，同样会有光明的前途。她来到沈阳市盲童学校，了解盲人教育情况。师生告诉她：教学中一直沿用点字板，学生按着点位一笔一笔地反面扎写，再一点一点地正面摸读，很难掌握，根本无法学会比较复杂的数学运算。盲人的心是相通的，包涤生深切同情这些过早失去光明的孩子，决心为他们发明出新教具，把打开科学知识宝库的金钥匙送到他们手上。

图 2 生活中的包涤生

披荆斩棘 奋斗成为盲文教具"开拓者"

从 1981 年起，包涤生开始了盲文教具的研制工作。身边没有任何资料可供参考，也没有助手帮忙，盲人搞发明谈何容易啊！她一边熟悉中小学盲文教材，一边苦苦地思索设计方案。一天，她根据珠算原理想出一个推移式方案，设想是否可行需要用模型来检验。她找来一堆废木块，用锯条拉，用菜刀削，无法确定尺寸，只好用手摸着干。她把模型拿去制作，由于形状特殊，工厂无法加工。

包涤生没有灰心，继续进行新的尝试。一天夜里，她受报时的挂钟启发，又拟定出一种指针式方案。新模型要用许多薄胶垫，胶垫中心还要开个细孔。她把缝衣针烧红了，用手比量着往胶垫上扎。冬天不能开窗，满屋糊胶皮味，熏得人头疼。可是，指针式模型经过试用，速度又太慢。

实验一次次失败了，床下堆满了一个个模型，这是她用心血和汗水铸成的啊！包涤生吃不好饭、睡不好觉，身体一天天消瘦。有人劝她说："别再糟践自己了，要是好搞，外国不早就搞出来了？"这话从反面激励了包涤生，她下定决心，一定要把最好的教具搞出来。

　　她把废模型翻出来，对先前十几个方案——做了分析比较，从方便盲人和符合盲人触摸习惯着想，又拟定出一种插盘式方案，她确信这种方案一定会取得成功。但是，插盘上需要光滑地开出几百个插孔，加工精度要求很高，只靠手里的几根锯条、几把锉刀是无法完成的。

图 3　包涤生设计的盲文教具

　　在实验的关键时刻，社会各界向包涤生伸出了援手：辽宁省盲人聋哑人协会和沈阳市盲人聋哑人协会拨来 1.5 万余元科研费，东北工学院安排教师和技术人员整理图纸资料，沈阳医疗器械厂等生产单位负责制作模具。1987 年 6 月，一种新型的盲文插字盘终于做出来了。这种插字盘仅用一块插盘和两种形状不同的插子，就能组合成全部盲文符号，使用非常方便灵活。它具有多种功能，不但能做四则运算，而且能做乘方、开方和多项式运算，很适合盲人数学教学和识字教学。

孜孜无怠　科研育人"永远在路上"

　　插盘式计算器研制成功后，包涤生没有陶醉和停滞不前，而是在考虑下一步的研究方向。她知道，这种教具虽然可以用来做一般的运算，但是解决不了指数、对数、三角函数等复杂问题。她想到电子计算器，设想把输入和输出改用盲文符号，让盲人也能使用这种现代化的计算工具。自动控制系的领导和一些教师肯定了包涤生的发明方案，帮她查阅了有关资料，确定了具体线路。经过反复实验、反复修改，盲人电子计算器也获得了成功。

面对几年的心血取得的成功，包涤生激动地说："我在科研中取得的一点成绩，是党和人民培养的结果。我愿在这布满坎坷而又充满希望的道路上继续奋斗，把自己的智慧和力量奉献给盲人教育事业。"

图4　包涤生（左二）与盲人学生

精神印象

包涤生老师敬重教学工作，答疑解惑高质量，批改作业精细化。后来，她双目失明，转入校办工厂工作。但她忘不了学生，每年与一个班的学生对口互帮互学，她讲的故事精彩动人，使学生受益匪浅；她研制了为盲人服务的有声测血压计，荣获专利；她被选为沈阳市盲人协会主席；她关心国家大事，每日必听央视的《新闻联播》《焦点访谈》；她在解放前就参加了革命工作，一心一意想入党，她严于律己，拼命工作，终于成为一名出色的共产党员。她不是一位90多岁平凡教师，她是人间一朵绚丽的文心兰。

——臣远昭（东北大学自动控制系离退休教师）

包涤生老师用一种非常人的意志力克服双目失明、行动不便的巨大困难，以盲人的切身体会、以盲人独特的角度摸索着前进，最终发明了第一台盲人用计算机，为广大盲人学习计算机填补了空白。这是一种锲而不舍的精神。在她的人生中长夜可能难明，但是只要有坚强的信念就有光。有一份热，发一份光，她对人生、对工作、对事业勇往直前的执着精神值得我们所有人学习。

——韩洁（东北大学信息科学与工程学院离退体教师）

供稿人简介

杨峻岩，男，辽宁岫岩人，曾任《控制与决策》编辑。

·第二篇章·
闪光印记（讲述东信故事）

学海拾贝，共忆峥嵘，菁菁校园见证东信人的奋斗传奇！

在风雨如晦的年代，有人以担当高扬报国壮志；在激情昂扬的岁月，有人用奋斗谱写青春颂歌。东信曾以深厚底蕴和卓著成果吸引群贤毕至，也曾以深情厚谊和言传身教令人念兹在兹。

"行胜于言、敢为人先、和而不同、居安思危"的院训精神在一代代东信人当中传承不息，那些峥嵘岁月里的奋斗故事也成为一代代东信人闪光的记忆。

点滴回忆缀成珠链，师生共话东信故事，青春读书处，芳华正盛年，学风成硕果，嘤鸣集群贤。

我与东信的那些过往

王振强

作者简介

王振强（1928 年 1 月—），天津人，曾任东北工学院电力系拖动教研室教师，从事电工学及有关自动控制、工业企业自动化等方面的教学与科研工作。

　　余，王振强，网名"老王头"，17 岁那年，我先后考入两个先修班即大学预科，靠假日当劳工交学费，勉强先在中正大学先修班（大学预科）就读一年。后于 19 岁那年，在 1500 多名学生只录取 80 名的条件下，我以第 11 名的成绩考上东北大学俄文先修班（大学预科）①。该校系由铁路局主办，免学费，供食宿。从此，我这个 19 岁的男子汉，便开始了自食其力的奋斗生涯。

---

　　① 东北大学建校史：东北大学始建于 1923 年 4 月。1928 年 8 月至 1937 年 1 月，著名爱国将领张学良将军兼任校长。1949 年 3 月，在东北大学工学院和理学院（部分）的基础上，成立沈阳工学院。1950 年 8 月，定名为东北工学院。1993 年 3 月，复名为东北大学。

青少年时期　民族意识和民主思想开始形成

幼年在天津深受爱国主义教育，心存祖国。1941年闯关东。1942年（14岁）开始念初中，初中时，我学习成绩优异，总是考第一名。初中二年级以后，成为学校中国学生的领袖。在一些场合，我和一些友好的同学共同宣布"上级生不许打下级生"，这样就反抗了日本人离间中国学生的反动政策。1946年秋天，我从公益中学考入中正大学先修班，相当于大学预科。在第二教室，我结识了孟繁玉、顾镇钟等进步同学，曾在走廊里办过"反内战、反饥饿"的壁报。当时教我数学的就是有名的阎述诗老师。我们这些同学都去过阎老师家，话长话短，多有交往。歌曲《五月的鲜花》就是由阎老师谱的曲、光未然作的词，这首歌一直到现在还在东北大学校庆上欢唱。

有纪念意义的是我1947年秋考入东北大学俄文先修班，这让我终身难忘。在入学考试的语文卷上，自选题目是《民为邦本，本固邦宁》。内容阐释了年轻人的爱国大义和志向。当时正值中华民族赶走日寇，在振兴中华之际，看到国家的落后，喊出振兴中华、普及教育、大办实业等想法，并形象地提出让全中国的千万人民在中秋节都能吃上月饼等朴素报国的愿望。

在俄文先修班的一年半里，我一边发奋读书，一边团结同学，办好伙食，耐心服务同学。我一直留光头，大家给我起了个外号叫"雅依臭"（俄语鸡蛋），我欣然接受。在学习上，我还算优秀，当上了学生会主席。1948年7月，沈阳被解放军围住，当时的地下党范培义和刘奉典等人决定，为了参加国统区的学生反蒋运动，东北大学俄文先修班同学统一迁去北平，到北平时已是1948年7月底，从此开始了我的革命工作，时年20岁。

20岁　自觉走上争取人民民主的道路

1948年7月末，东北大学俄文先修班一行八九十人抵达北平。当时我是学生会主席，面对国民党的镇压，经常去王府井南口上的"北平学联"，

讨论东北来北平办壁报问题，了解各种新闻，互通情报、相互帮助。后来到棉花胡同（东北大学北平所在地）办过多期壁报，还写过介绍任弼时同志关于土改的文章，带领同学去辅仁大学听地下党的报告会，帮助来北平逃难的同学家属解决食宿问题。至今在世的人，年节假日还会来电慰问，表达感激之情。

另外，我还负责保管重要文件，如《目前形势和我们的任务》、香港进步报刊等。其中有两次特务来袭东四七条胡同，我迅速背上文件大口袋，翻过后墙，直奔东四九条胡同的杨姓同学家中，两次都幸运脱险。我还参加了进步青年同盟领导的护厂工作，在解放前夕的护厂小组中，多次避免了国民党撤退时的破坏。

1949 年，北平解放，人民迎来了春天，我也来到沈阳工学院电机系学习。但是革命工作还在继续，活动还在开展，如护厂工作、出壁报等。

在东北工学院学习并留校任教

1949 年，中华人民共和国成立，我真正的大学生活开始了。我光荣地成为东北工学院的一分子，和其他战友一样活跃在校内各个领域。我是校学生会学习委员，办过初期的校刊，也是班学习委员。直到 1953 年 4 月，因祖国第一个五年计划需要，提前 3 个月毕业。

图 1　在大庆学习热工仪表

1954 年，我正式留校，在东北工学院电力系拖动教研室从事教学工作，从此开始了我的大学教育事业。我满怀革命激情、爱国之心，在教学科研中一丝不苟、积极投入、拼搏奋战，取得了丰厚的科研成果。

（1）1959 年，我设计了西安邮电大楼动力电气照明系统，国庆四十周年时，此大楼是西安七大建筑之一。

（2）1961 年，我主编了《自动学基

础》。当时东北工学院决定开设这门课程，但没有现成的教材，为了解决急需，我承担了这项编写教材的任务。该教材后来成为清华、同济、西安建工、东工等大学的通用教材。

（3）1960—1961年完成了"同位素在大型铸管中的应用"项目，首钢铸造厂大型铸铁管的自动滴灌技术试验成功并应用。

退休前奋发图强的十年

20世纪80年代，世界科技迅猛发展，众多知识分子按捺不住爱国之心、强国之愿，在向科学进军的号角再次响起之际，很快行动起来。我也不例外，毅然奋发图强，勇敢担当再战斗。

1982年，我完成了"电渣炉重熔微机控制"科研项目。这是冶金部委托辽宁省冶金局完成的省级项目，实现了在电渣炉上将粗钢锭重熔的计算机控制，解决了钢材结构成分不均匀的严重质量问题。此项目为辽宁首创。

20世纪80年代初，我在沈阳电脑协会不遗余力地开展工作，为辽沈地区开展计算机工业控制做了许多开拓性的工作。我在自控系开展单板机工作，并从我的项目经费中拿出8500元建立了单版机试验室（TP-801）。

图2 20世纪80年代，沈阳电脑协会理事会活动合照

在这一时期，我也注重大学教育工作，重视学生的培养，始终将人才

培养作为工作的重中之重。受当时教育条件的限制，教育资源比较有限，为了提升教学质量，我牵头组织编写教材。我在东工自控系组织出版了《微型计算机过程控制系统》专用教科书。

在我退休前的十年，我完成了多项科研项目，成果颇丰。例如实现了粗钢锭重熔的计算机控制，属国内罕见、辽宁首创。在此期间，我在多地（如锦州、海城、瓦房店、沈阳六九〇三厂等）开展各种微型机应用的工程项目。

在我从事大学教育的 30 年间，我编写了大量教材，设计过大型的工程，负责过大型工厂的科研项目，教过多门课程，培养了近 6000 名学生。在这期间，我一直走在国家科研的前线，并且将教书育人作为自己毕生奋斗的目标。

总之，在退休前的十年，我做出了不小的成绩，所积累的经验也为退休后的稳扎稳打奠定了有力的基础，迎来了老有所为的晚年。

退休后依旧稳扎稳打　战斗不止

退休前的十年，我不但做了大量的工作，也练就了科研本领，为大展宏图打下了坚实的基础。退休后，我仍似一名科技战线上的战士不停地拼搏，前后自办和参办了几个科研所，完成了不少科研项目。至今九旬已过，还时刻关注着无线供电领域的研究。

（1）大功率晶体管的开发应用。1992 年负责"IGBT 大功率管的开发应用"项目，开发研制 ZX-7 型逆变电焊机，并探寻使用国产 IGBT 管。经过一年的研制，进行了满载试验，并制作了样机，最终因资金不足，IGBT 的保护电路试验无法继续，未做到有把握程度而终止开发，如有机会，应该有再生产的希望。1997 年 10 月负责"真空溅射镀膜专用直流电源"项目，我参与了研制、试验，举办了鉴定会，并对外发表了论文，后续设计、研制、生产销售等环节由佟玉鹏老师主持。

图 3　20 世纪 90 年代真空镀膜工厂生产车间

（2）照明光源的实际应用及专利获准。随着微电子技术的发展，这类光源的触发电路也有了极大发展。经过大量的研究和试验，制成了样品，有的已被成功地应用到大型广告牌上。1997—1998 年负责"霓虹灯电子变压器"项目，制成样品并调试成功，获批专利。2002—2003 年负责"一种无公害放电电源"项目，获批专利（包括钠灯、金属卤化物灯），改进后功率因数达 99%，国内知名机构撰写了可行性报告，其中"一拖多"原理及构思至今仍有意义和深远影响。

我虽垂垂老矣，但总想在终身从事的领域里老有可为，就像我 2016 年在东北大学倡议的那样，不忘初心，继续奋进，一息尚存，此志不懈！

奋斗是青春的色彩

匡远昭

作者简介

匡远昭（1931年3月—），湖北汉川人，副教授，本科毕业于东北工学院工业电气自动化专业，毕业后留校任教，直至退休。

信息科学与工程学院"行胜于言、敢为人先、和而不同、居安思危"的院训精神源于老一辈东信人的奋斗实践。回忆在学院工作的经历，很多画面如电影放映般历历在目，诗意的浪漫和激情被青春诠释得淋漓尽致，飞扬的梦想和奋斗的艰辛被青春演绎得美轮美奂。那些日子见证了东信师生为了国家发展而不断学习奋斗的过程，诠释了"奋斗是青春的色彩"的深刻含义。

行胜于言　敢为人先

60多年前，党中央提出"鼓足干劲，力争上游，多快好省地建设社会主义"的总路线，全国形成了高效生产的局面。当时，院、系领导和教研室领导为响应国家号召，层层谋划，决定拿下武汉钢铁公司和包头钢铁公司大型轧钢厂电力装备的设计任务。由于任务繁重、时间较短，教研室决定成立一个设计小分队，前往武汉开展相关设计活动。学院资深教师杨自厚、任兴权与当时还是年轻助教的我主动请缨，作为小分队的带队老师，带领30多名高年级学生前往武汉设计院开展将近3个月的实地考察。

这个由师生组成的近40人的团队在1958年秋冬，带着行李和有关图书资料，义无反顾地登上了驶向武汉的火车。依稀记得临走前杨自厚老师对大家提出了设计的总要求，他说："鞍山钢铁公司是新中国成立初期苏联援助的项目，其中大型轧钢厂全套设备都是苏联产品。现在我们国家已经能生产各种电机和电器了，我们选择国产品牌，控制系统也要自主改善，不可照搬。这样搞设计，才能体现我们中国大学生

图1　阅读《人民日报》

的智慧，才能体现我们中国的生产水平。"学生们听罢，斗志昂扬，激动地对杨自厚老师说："您别担心，我们保证做好这个工作！"听到学生们慷慨激昂的话语，看到学生们坚定执着的眼神，我的内心可以说十分振奋。如果团队成功展现"中国智慧"，在内外形势发展严峻的大背景下，一定会为中国的发展注入一针强心剂。天气虽冷，但是一股股前进的热力却不断在我们心中涌动。现在回想起学生在校内实习工厂围墙上刷的大标语："只要钢铁超英美，哪怕汗水漂起船！"依旧让人热血沸腾。这不仅是热血青年敢

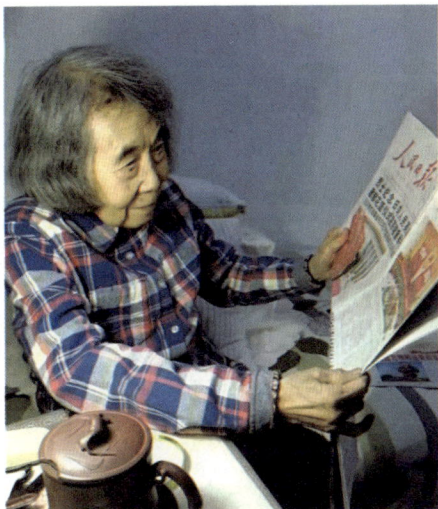

作敢为的写照，还是东信学子知识储备过硬的表现，更是全体东信人敢为人先的奋斗精神展现。

一分耕耘　一分收获

设计院安排的团队工作室位于院楼内，然而，由于前来考察的人数较多，院楼空间不足，住宿地点被安排在院楼外附近居民提供的房子里，相对来说比较分散。安排好学生的生活后，我为每名学生分配了项目中需要独立设计的部分，例如主轧机、热锯机、推力轴承、辊道、天车等生产设备的电力拖动控制系统。刚刚分配完任务，学生便结合新鲜出炉的实地考察数据，认真查阅资料，用心钻研，没有一丝懈怠。

图2　在东北大学校园留影

在整个设计过程中，杨自厚老师和任兴权老师对学生进行了多次指导，学生用心感悟，我也受益匪浅。有时两个老师耐心为学生讲述，有时则与学生进行激烈讨论，在思维不断碰撞中，一步步扎实推进设计工作。设计初期是构思草图，等考虑成熟后，再画出清晰的自动控制线路草图。学生在这一过程中相互讨论，提出意见，反复修改后，再经过老师审查定稿。中期任务就是绘出正规的底图，以备复印成蓝图，电机电器符号一律标准化，需要计算的部位数据都要非常准确。当时的条件十分艰苦，计算工具很简陋，只有一把手动操作的计算尺，需要一手把住算尺上下部的固定尺，另一只手推拉中部的游尺，观察到有用的刻度线，才能找出计算结果，费眼费力，运算速度也不快，比起今天的电子计算器，可真是小巫见大巫。选择电机电器更是麻烦费时，第一步要选好生产厂家，然后研究说明书，经过多方比较，最后才能选出可靠的器材。器材选择工作在整个设计工作中可以说是重中之重，耐心、细心、专心缺一不可，否则选出的器材无法经受住实践的考验。

设计活动日以继夜地进行，晚饭后，大家也从未有丝毫的放松，挑灯夜战是家常便饭。为了保证学生的安全与健康，我和两名老师规定一定要按学校的晚自习时间回宿舍休息。每当学生返回住处时，夕阳早已西下。当时条件比较艰苦，没有交通工具，遇到晴朗的夜晚，学生便伴着星光、月光走在羊肠小路上，一路上互相交流工作进展；遇到阴沉的天气，学生只能摸着黑，小心翼翼地结伴而行。武汉的天气越来越冷，住处又没有暖气，一觉醒来，手脚冰凉的情况时有发生，大家只得快速返回有暖气的工作室，吃完早饭，打起精神接着工作。学生们深知，唯有与冬天搏斗，才能让春天更快来临。时间紧迫，学生们争分夺秒，一个个都变成了"拼命三郎"。功夫不负有心人，团队终于提前几天交出底图，拿到有设计方签名的复印蓝图。这来之不易的、凝聚着团队智慧与汗水的成果令大家欢呼雀跃，成就感十足。

不忘初心　青春赞歌

在设计院时的条件虽然艰苦，但我们依然对生活充满热爱。为了让学生在业余时间放松一下，班上负责的学生向设计院职工学习了一些简单易唱的湖北小曲小调回来教大家，歌曲韵味十足，得到一致称赞。有一次，负责的学生组织全班合唱一支洪湖渔民小调，几轮学习过后，大家很快吟唱起来，气氛也逐渐达到高潮。但这时候他却让大家停下来，因为他希望大家能够赋予这首歌更加饱满的感情。他说："苦难中的渔民，在日寇的压迫下哭天喊地，突然来了救命娘，这救命娘是谁，就是共产党啊。所以我们应当带着感情唱。"听完这番话，大家纷纷点头，将丰富的感情注入歌声中，歌声也因此变得更加动人嘹亮。作为老师，我也很感动，这名学生寥寥几句，说明了唱歌的核心要点：歌曲要注入真情实感，首先要感动自己，然后听众才会受到感动。这些年轻的学生经过几个月的在外实习，对党、对国家、对学校都产生了更加浓厚的爱。爱国是每一名中华儿女心底最深

沉、最纯洁、最无私的情感，爱党是每一个中国人心底最感佩、最真挚、最笃定的信仰，爱校则是我们每一个东工人心底最朴素、最眷恋、最美好的思绪……至今，这首歌不时回响在我耳畔："洪水的水，浪打浪，洪水的水通长江，长江流水通大海，海上来了救命娘……"仿佛，我又看到了学生们青春洋溢的笑脸和他们一颗颗热忱的赤子之心。

时光荏苒，岁月如梭。很快我们在设计院中度过了"痛并快乐"的3个月，想到学生还没有感受过武汉大城市的繁华，临行前，我们决定到长江大桥拍一张集体照作为纪念，这也是小分队在武汉拍的唯一一张照片。农历除夕，我们欢快地踏上了返校的列车。列车上的乘客寥寥无几，我们集中在一个车厢里，乘务员给我们端上了热气腾腾的饺子。美味下腹后，却毫无困意；相反，大家精神抖擞，在列车过道上跳起了双人交谊舞，"三步""四步"各显其美，真是爱歌爱舞又能歌善舞的大学生。看着这些年轻的脸庞，我内心感慨万千。看似青春稚嫩，实则深藏着扎实的知识基础、坚韧的奋斗精神和积极的乐观心态。这既离不开自身进取，更离不开学院对他们从知识到品质的全方位、无微不至的培养。青年一代在祖国需要的时候挺身而出，任劳任怨，从不叫苦叫累，用自己的知识和力量展现中国制造的实力，实在令人动容！

征途初探，羽翼渐丰，在我的心中，这次在武汉设计院奋斗的日日夜夜，学生们以实际行动做到了爱国爱校、尊重老师、刻苦学习和工作。学生们用一点一滴的汗水、一步一个脚印的态度圆满地完成了任务，用奋斗为青春增添了一抹绚丽的底色，实在是一曲美好的青春之歌！征程万里风正劲，任重千钧再奋蹄。我相信，东信的新一代青年学子，一定会牢记"自强不息，知行合一"的校训，奋发图强，也一定会像习近平总书记强调的那样，"我们通过奋斗，披荆斩棘，走过了万水千山。我们还要继续奋斗，勇往直前，创造更加灿烂的辉煌！"

我的东信芳华

黄泰善

作者简介

黄泰善（1935—），朝鲜咸境北道富宁郡人，本科学历，曾担任自动控制系统教研室主任，党支部书记。主要讲授自动控制原理、自动控制系统、电力拖动等课程。

匆匆东大百年芳华，无数先辈将伟业创下，我是黄泰善，且听我讲述我与东信的那年芳华。

初入校园　积极入党

1954 年，我成功地考入东北工学院，也就是现在的东北大学。我十分感谢党，如果没有党的教育和党给予的机会，我是无法步入大学殿堂的。

所以进入大学后，我第一个递交了入党申请书。在校期间，我积极表现，带领班级同学做志愿服务，自愿服务师生，时刻以党员的标准严格要求自己。大二上学期，我加入了中国共产党，成为了一名预备党员。

学生时期，我一直担任班长一职。当时一个班级只有三名班干部，分别是班长、团支书、班代表。我们三人相互配合，共同努力做好班级工作，解决同学们生活和学习方面的问题。虽然学生工作比较繁忙，但是我没有忘记自己的学习本职，大学四年学习成绩始终名列前茅。在校期间，我创办了学院的读书社。就像高尔基先生说的那句简单而富有哲理的话："书籍是人类进步的阶梯"。读书社的同学们一直以高尔基先生的话作为行为准则，在每周一晚上，同学们带着自己誊写的文集或者书稿，去到大教室里，互相分享读书资源，交换传阅，共同交流心得，一起进步。读书社的活动丰富了我们的精神生活，使我们养成了良好的读书习惯。书籍就是我们的精神食粮，读书解放了思想，读好书放大了格局。在那个特殊的年代，同学们的关系变得很紧张，而我时刻保持理智和清晰的头脑，引导班级同学做出正确的判断，使他们能够安心学习，不被外界环境和纷争所打扰。

图 1　东北工学院主楼前合影（左二）

20 世纪五六十年代，受自然灾害的影响，粮食供应短缺，家庭收入微薄，当时每个月的生活费十分有限，总体来说，每个同学家里的生活条件都十分艰苦。就是在这样的生活条件下，我们抓住任何可以学习的机会，努力学习。我们坚定地认为，艰苦的生活条件和学习环境从来不是阻碍我们学习和进步的障碍，反而让我们更加明白了学习的重要性。国家的未来发展需要我们，我们要争做国家的建设者、学科发展的开拓者。

我从小生活在吉林延边朝鲜族聚集区，从小到大，学校一直采用朝鲜语教学，直到上大学之后，我才开始学习汉语。语言环境的改变加上理工科专业大量的专业术语和实验教学，使我的学习难上加难。从入学开始，我就经常向老师请教，多与同学交流。经过 3 个月的刻苦学习，我成功地融入汉语环境，与他人沟通交流完全无障碍。之所以有如此大的学习决心，是因为我是黄家第一个走出来的人，也是黄家第一个大学生。父母告诉我，我是全家的希望。而且因为家境困难，在当时也算是学生中最困难的一类学生，我还拿着学校的一等助学金。当时学校给我的生活费足够我吃饭，即使如此，我也不舍得吃好的伙食，只在食堂买最便宜的饭菜，放假前，用省下来的钱在食堂买馒头带回家里，改善一下家人的伙食。所以，我十分珍惜学校给我的这个学习的机会，学习不仅让我当时的生活变得更好，也让我的未来变得更加光明。从此，我明白了一个至深的哲理：唯有学习才能够改变命运，唯有读书才能够改变境遇！

大学四年　收获满满

尽管当时的学习条件很艰苦，但在枯燥乏味的学习中，依然可以苦中作乐。当时我们主要的娱乐活动就是学校每周六举办的舞会，舞会的场所就在今天二舍食堂的一楼，其规模之大几乎相当于沈阳当年的全体大学生舞会。每个周六，我们班级的女同学们会成群结队一起去参加。当初学校组织舞会活动的目标是"人人懂舞，人人会舞"，学校所有专业的学生都来学跳舞，校广播室还放着音乐，在广播里喊大家出来学跳舞。学校还专门开办了扫舞盲学习班，甚至有人在宿舍勤奋地练习，以避免不会跳舞的尴尬。在舞动的步伐中，同学之间不再胆怯和羞涩，对大学生活产生了更加美好的期许。

记得当时期末考试的时候，没有笔试，只有面试。这种方法在我看来极具实践性和科学性，可以让学生脱离书本所学知识，通过老师的面试提问来考察学生是否把知识真正学会悟透并能够灵活运用，学生是否有将知识应用于实践的能力。这也是我想给当代大学生的建议，不要单纯着眼于课本上的知识，真正的学习是学会书中的知识并能够应用于实践，只有实

践才能够出真知。希望同学们不要为了成绩和得高分而学习，也不要囿于课本，而要将真正的能力投身于实操中，这样才能学有所用、学有所长，才能更好地掌握知识、建设祖国。

图2　与好友合照（右一）

求学不停歇　见证东信成长

奋斗的足迹永远不会停歇，汗水与付出才对得起生活每一个美好的馈赠。东大的百年，我有幸陪它走过半生。在那个尚且叫作东北工学院的年代，我还记得所在院系被称作矿山机电系（后与电力系一起并入自动控制系）。那时候东北工学院与北京钢铁学院（北京科技大学前身）是冶金工业部直属的重点大学，东北工学院无论是师资还是学生都可以说是人才辈出。时任校长是学部委员靳树梁，郎世俊教授创办了东北工学院的自动化系并留在东北工学院任教，而李华天教授创建了计算机专业，当时二位教授是东北工学院两大王牌教授。后续的自动化研究所所长张嗣瀛院士，在专业领域久负盛名的周孔章教授（最早的《电工原理》主编）、周崇径教授、佟昱秀教授等人，也见证了东大的发展。当年，柴天佑所在的研究所就在如今的建筑学馆二楼，留日归国的恩毓田教授回来创办了自动化仪表专业，也就是现在的测控技术与仪器专业。而我的学生徐心和留美归国后也回到东大，创办了人工智能专业。终是养花人成了看花人。前辈的身影还未远去，光阴荏苒，而今用梦和希望滋润的校园，越发显出勃勃生机，新建筑鳞次栉比，新景观赏心悦目，东北大学持续发展，不忘初心，砥砺前行。如今，东大学子再来到这里，依然会回想起，在峥嵘岁月里与祖国同行的一步步。

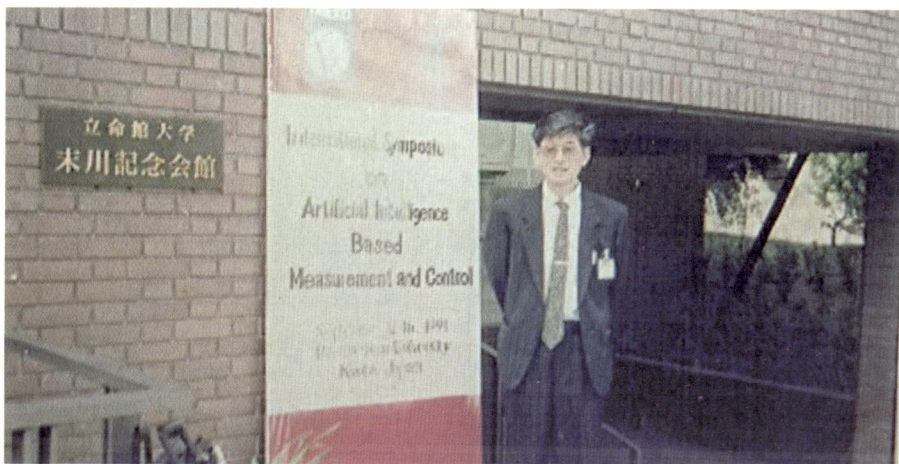

图3　参加国际学术会议

关于治学的浅谈，我认为基础的是最为重要的，只有扎根最基本的点，才能延展成线，而后变成面。对于所有的工科专业，数学的基础必不可少。随着科技的发展，计算机快速更新换代，在最高端顶尖的专业层面，数学的计算性质应用依旧不可或缺，永远无法被替代。这高度契合了习近平总书记所提出的，"要加强基础学科拔尖学生培养，在数理化生等学科建设一批基地，吸引最优秀的学生投身基础研究。"[①] 唯有夯实基础，才能将学科的专业性发挥到最大化，话语虽然精练，但其深意不言而喻。我曾留韩四年半，先是受韩国科学院邀请，在韩国昌元的电气研究所做了两年半的特殊研究员。后来我的签证到期理应回国，但因我的能力受到学校认可、专业水平较突出，又被韩国大邱的永进专门大学聘请两年。在韩国讲学期间，我体会到中韩教育的差异，当时中国的大学虽然在硬件设备上不如发达国

---

① 习近平：《在科学家座谈会上的讲话》，《人民日报》2020年9月12日，第2版。

家，但是我们老师的理论水平和师生的勤奋程度丝毫不落后。

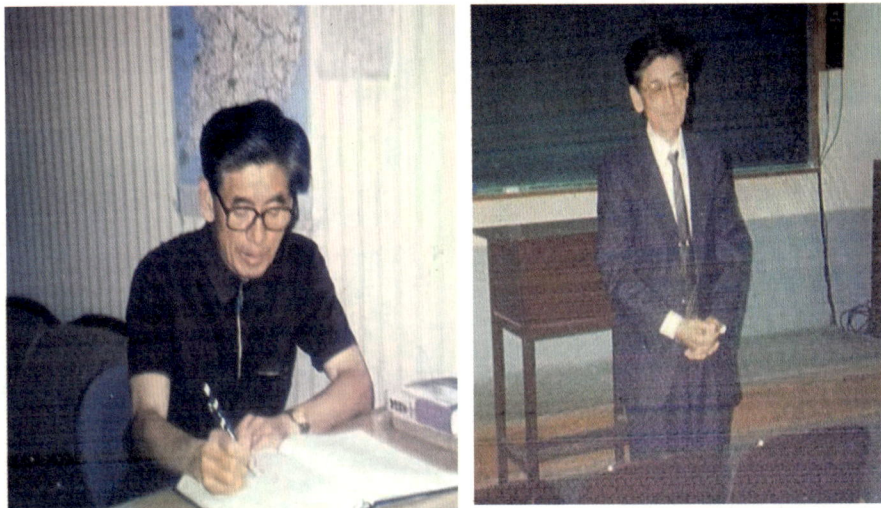

图 4　韩国求学期间撰写学术论文，并发表学术演讲

　　我不知道我是不是一个很好的记录者，但我比任何人都喜欢回首自己来时的路，我不断地往返伫立，然而，时光仍轰轰烈烈地向前奔去。在逝去的日子里，青春迎风击落过多少斑驳的星辰，之后便漫天飞舞起来，成为滋润金色庄稼的泱泱大雪。虽然青春已经不再，但挚爱的东大却又注入了更多新鲜的血液，而我与东信那年芳华将永远地镌刻在东大的历史丰碑上，历久弥新！

优良学风筑成一流学科

周　瀛

作者简介

　　周瀛（1943—），辽宁沈阳人，副教授，东北工学院电子电力系毕业生，曾任东北大学自控系电工原理和控制系统教研室副主任。

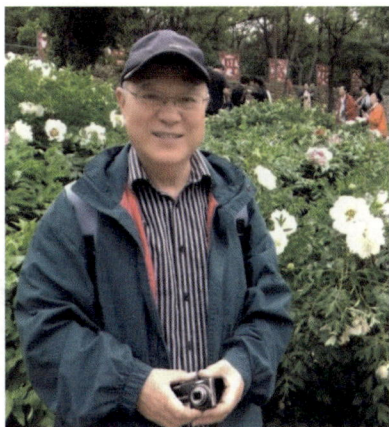

　　东北大学的控制科学与工程学科在全国属一流学科。很多人不了解，这不足为奇。其实，在刚刚开始有排名时，我们就是第一名，甚至在以前还没有评估时，就已经是全国公认的第一。

努力沉淀　发展壮大

　　看一下专业的发展历程就清楚了。从历史上看，现在各个学校的控制科学与工程学科都是由传统的电机系发展而来的，如今我们取得这样的成绩，是几代人努力积累沉淀的必然结果。

东北是全国的重工业基地，又是最早解放的地区。新中国成立初期，国家急需大批技术人才，在这里建设一所工科大学是时代的需要，并且一开始就远见卓识地定位为"亚洲一流"。新中国成立初期，百废待兴，国家在极其困难的条件下投巨资建校，并为此修建了一条铁路专用线，在当时全国还没有完全解放时就南下广招人才，这些人力、物力就是我校及专业的基础。

当时东北工学院接收了当年东北大学的工科教师及学生，解放后，国家建设急需人才，于是我们在1950年有了第一届毕业生，这里包括当时电机系最优秀的学生、留校任教的马成业老师。后来按照苏联教育模式设立了工业企业电气化专业。由于是新专业，没有经验，国家派来苏联专家予以指导。当时全国有苏联专家的学校极少，我校是其中一所，来我校的苏联专家指导建设了企业经济管理专业（后来的管理系）、冶金炉专业（后来的热能系）、工业企业电气化专业（后来的自动化专业）等新兴专业。

图1　出席1990年自动化学会教育委员会的东北工学院校友合影

专业的成长过程还得益于20世纪50年代高等院校各专业的统一调整。

当时把某些专业集中到某些优势的院校，由国家重点支持，比如我校的建筑系、地质系、化工系等专业被分别调到西安冶金建筑学院、长春地质学院、大连工学院等院校。而我校的电机系、工业企业电气化专业得到了加强，把其他院校的一些人才集中到我校。这里不乏许多优秀人才，从美国回来的李华天老师，以及年轻有为的谢绪恺老师，都是从大连工学院调来的。人才的优势更加确立了我们专业在全国的领先地位。

从规模来看，在我入学以后（1961 年），国家确定了我们专业的定位，也加大了投入，建造了当时绝对是全国一流的电机、拖动、控制三个专业实验室，规模之大、设备之先进是空前的。1955 年 12 月，刚刚回国不久的钱学森曾来我校参观了我们系的这三个实验室，并提了一些专业问题。

学风正浓　一丝不苟

20 世纪 50 年代，自动化专业的学术风气相当浓厚，青年教师（都是新中国成立初期毕业的）分为两个学派，一派以马成业老师为代表，另一派以任兴权老师为代表，他们经常进行学术交流活动，学术交锋激烈。

当时，来我校指导的苏联专家是从苏联乌拉尔工学院调来支援的，他人非常好，真心实意地帮助我校建设新专业、培养人才。他在校期间培养了马成业、杨自厚两名研究生。这两名老师一直是国内该领域最优秀的人才，也确立了我们专业在全国的领先地位。马成业老师的业务水平高，我们的专业课电力拖动一直由他主讲。直到 1963 年，考虑他有更重要的编教材和科研任务，学校决定由其他老师主讲。正好我们年级要开始学习这门课，年级同学一致请愿，要求马成业老师为我们讲这门课，后来系里花费好大力气做解释，才把这件事平息下来。听学长说，马成业老师教课起点高、思路快，很多同学上课一不留神就跟不上了。当时主讲老师都有在晚自习时为学生个别答疑的习惯，马成业老师来答疑时，那是盛况空前，同学们排着长队依次等待他当面答疑解惑。

这就是我们那个时代的学习风气的一个典型缩影，这种学习热情是值得今天的同学们学习的。

在那个全面学习苏联的时代，我校自动化专业创办了《自动控制译丛》月刊。这是当时学科专业最前沿、最权威的杂志，它主要翻译当时苏联在这一领域的最新成果。

我校也派出了张嗣瀛、顾兴源等优秀教师去苏联进修学习，进行学术交流。又派出郎世俊、谢绪恺等人参加全国第一次自动化学术会议，郎世俊任大会秘书，谢绪恺发表了后来被教科书称为"谢绪恺判据"的优秀论文。当谢绪恺老师讲演时，钱学森就坐在前排认真听，钱学森对谢绪恺老师的论文予以肯定，并提出了进一步研究的方向。1960年，郎世俊教授受学校委派，参加了在莫斯科举行的世界自动化学术会议，并发表了论文，该论文代表了我国、我校、我学科当时在国内的前沿水平。

这一成绩的取得来之不易，是几代人的努力，是集体智慧的结晶。我校专业团队如此强大，是国内其他院校自动化学科无法超越的。

我是1961年入学的，当时正值国家三年困难时期，国民经济处于调整、巩固、充实、提高阶段。国家对高等教育也提出了"高教60条"，这极大地提高了师生的教学和学习热情。

那时候，领导十分重视学生的学习。比如，我们班请来了当时的系主任郎世俊老师，请他给我们介绍学习方法。我记得最深的就是他讲如何利用好时间、如何分配时间。我们班还请来了系总支书记苏士权老师，请他介绍如何提高学习能力。他是东北工学院第一届毕业生，虽然一直担任书记的工作，但业务能力很强。他给我们讲各门课的地位、作用和如何学习，我记得当时他大讲我们将要开的调节原理课（即后来的自控原理课），给了我们很大启发，提高了我们的学习兴趣。

我们在校时，电机、拖动、控制、调节原理、电力装备等课程都没有中文教材，只有老师自编的讲义以及翻译的俄文参考书。所以，上课时认真记课堂笔记，课下互相交流，是我们每天必做的事，同学们争相传阅课堂笔记，取长补短。

老师在严格要求学生的同时，也以身作则。当时课后都留作业，我记得汪林、朱家铿老师十分认真地批改我们的作业，并附有工整的批语。老师的言传身教，培养了我们一丝不苟的学习态度，是我们学习的楷模。

记得吴宗怀老师为提高我们专业学生的俄语水平，上课时板书一律采用俄文。为了提高我们拉计算尺的水平（更快、更准，当时没有计算器，全靠计算尺），吴老师几乎每堂课都考拉计算尺，有时只剩一两分钟就下课了，他还要考，大家拿着计算尺像上战场、枪上膛，时刻准备着，他迅速写出十几道数学式子，写完之后，就从第一题开始依次慢慢擦掉。当下课铃声响时，黑板上的题全都擦没了，你不得不交卷，真是用心良苦。所以，我们在课下就互相考、互相交流技巧，我们那时拉计算尺的水平相当高，比现在计算器还要快。

这些工作只有实力雄厚、学风严谨的"东工人"才能做到，我们为之骄傲。

在校念书期间，我们进行过"端正学风教育"、"百分之一"教育（指当时在全国同龄的青年中，100个人里只有一个人能上大学）。大家都十分珍惜这五年的大学生活，充分利用好国家给我们提供的好条件，如饥似渴地学习。

那时，教室、阅览室、图书馆座位有限，大家每天起床后第一件事就是去阅览室、教室占座位，然后才去食堂吃饭。记得冬天的早晨天还没有亮，在寒风中各馆门口就聚集着等待开门占座位的学子。经常看到有的同学晚上在洗脸的水房里看书，这都不是什么新鲜事。每间宿舍最多时住过10个人，学习条件比较艰苦。在阶梯教室上课时，

图2 退休教师代表回校参加活动

大家都争先坐在前排，最后学校不得不规定前排只留给高度近视的同学。当时我们大学生的形象是书包里有褥垫、书、笔记本、计算尺和饭盒，每天匆匆忙忙"三点一线"（教室、食堂、宿舍）的简单生活，但是我们却乐此不疲。

这样的学习环境培养了我们团结、吃苦耐劳、利用一切条件来学习的

性格。

　　我们在 1968 年分配了工作，正赶上国家大规模进行"大三线"建设，我们有一半以上的同学被分配到大西北、大西南三线建设的"冶金建设公司"，条件都十分艰苦。但是在学校期间艰苦的学习条件、良好的学风、吃苦耐劳的精神，使我们都能胜任工作，都在各自的岗位上交出了完美的答卷。

师生浓厚情谊铸造东信恢宏

高立群

作者简介

高立群（1949—），辽宁沈阳人，东北大学控制理论与导航技术研究所教授、博士研究生导师，中国自动化学会空间及运动体专业委员会委员，《电路与系统学报》编委，宝山钢铁公司兼职教授。

　　我中学就读于沈阳市第二十七中学，东北工学院一直是我中学时期向往的学校。1977 年国家恢复高考后，我考入大连海运学院（今大连海事大学）。1982 年秋，本科毕业后，我终于实现了中学时期的愿望，考取了东北工学院控制理论教研室的硕士研究生，从此与控制理论教研室结下了不解之缘。1984 年冬，我硕士研究生毕业后，被留在教研室。1986 年，师从张嗣瀛教授攻读博士学位。回忆自己在东大信息学院学习、工作的几十年，在教学、科研、生活各方面都倍感自豪和骄傲。

学风朴素　重在育人

　　东北大学作为国家重点大学，始终坚持以德为本、重在育人。以张嗣瀛老师为代表的控制理论教研室的老一辈教师严以律己、宽以待人，对年轻人言传身教。教研室非常注重学生的思想品德和学习态度。1982 年春季招收研究生时，曾有一名成绩排名第一的学生，由于抛弃了自己在农村的妻子而被张嗣瀛老师拒招。张嗣瀛老师认为，为人要忠诚老实，背叛家庭的人不值得信赖和培养。张嗣瀛老师经常跟我们说，人要有一点精神。所谓精神，应该是一个人所具有的本性品质，要不为钱所动、不为权所倾、不为名所累、不为位所争。

图 1　与博士研究生合影留念

　　随着学校管理的规范化、现代化，在学校的考核中，教师的论文数量和质量成为重要的考核指标。而控制理论教研室从成立开始，几十年来始终坚持无论是教师还是学生均遵循"论文按贡献大小顺序署名"的原则，从未改变。实事求是、保持良好的学术风气是控制理论教研室教师的共识。这一做法受到学生的广泛称赞，增强了师生情感，端正了学术风气，特别是对学生毕业后的就业和发展也起到了积极的作用。控制理论教研室的研究生毕业后遍布全国各地，他们高尚的思想品德和优良的学术风气受到各个单位的好评。

团队协作　成果丰硕

　　控制理论教研室采取集中与分散相结合的方式培养研究生，坚持集体研究，增强学生的团队精神。导师提出内涵宽泛的课题，学生查阅文献后，根据自己的兴趣和特长，确定具体的研究课题，然后在讨论班上讨论交流。每学期都安排确定的讨论班活动，同学们轮流担任主讲，每次讨论班活动由一人主讲，其他人则围绕主讲的内容展开讨论。通过讲述文献，帮助师生接触大量的最新的外文文献，时刻掌握国内外相关领域的最新动向，促使主讲人对所讲述文献的思想方法进行深入分析，并提出自己的想法。师生之间的研讨可以开阔视野，发挥集体研究的优势，群策群力，从不同角度、全面深入地理解问题。

讨论班活动的效果在很大程度上取决于主讲人的选材能否引起大家的兴趣，以及主讲人所做分析扩展的深度和广度。主讲人事先必须做好充分、细致的准备。我唯一一次被张嗣瀛老师批评就是在讨论班活动上。当时我做主讲人，虽然介绍了一篇高水平学术期刊上的论文，但对文章分析得不够深入，尤其是没能说明自己在文献基础上打算如何做出扩展、提高和创新。张嗣瀛老师批评道："我们查阅文献、分析文献不是目的，我们的目的是站在巨人的肩上思考如何做出自己的东西；研究就是为了获取新的知识，掌握新的规律，就是要创新；跟在别人后面，吃人家嚼过的馍，没有什么味道。"

东信几十年如一日，坚持班级讨论活动。实践证明，以讨论班的形式进行研究生培养和科学研究可以事半功倍。目前，这种方式已经被东大各个学院、研究所普遍采用。

甘于平凡　勇于创新

张嗣瀛老师高尚的品格在于甘于寂寞，乐于平凡，勇于创新，不断进取。张嗣瀛老师在日常工作和生活中不断地叮嘱我们科学问题来不得半点儿虚假，尤其是从事基础理论研究，更要做好吃苦的准备。基础理论研究是苦差事，风险大，成功的可能性低，绝不能指望一战成名和发大财。控制理论教研室主要从事理论研究，几乎没有横向课题。20世纪八九十年代，控制理论教研室的工作环境和工作条件与其他教研室相比有明显差距，整个教研室几十人仅靠张嗣瀛老师每年1万元左右的自然科学基金经费维持。

春、夏、秋三季还相对好些，冬季则特别难捱。由于暖气管道年久失修，屋子又不见阳光，在那段日子里，虽然学校一直努力改善师生的工作条件，但每年仍有人冻伤手脚。即使是这样，教研室的师生仍然以旺盛的精力去克服困难，坚持在基础理论研究一线，取得了丰硕的成果。

张嗣瀛老师早期从事运动稳定性及最优控制研究，提出并论证了定性微分对策的极值性，给出了定性极大值原理，使得定量、定性两类问题统一在极值原理的基础上，形成新体系，还在主从对策的研究中提出定量惩罚概念及定量计算。他以敢为天下先的精神为指引，在科学研究中开辟了有关控制系统结构的研究，组织教研室师生重点进行控制系统内部结构的对称和相似性的研究。这是一个新的研究领域，在当时国内外各类期刊中缺少可供借鉴的文献。通过多年坚持不懈的努力，这一研究取得了丰硕的成果。

为促进自动控制学科的发展，在学校的大力支持下，张嗣瀛教授创办了《控制与决策》期刊，倡导了"控制与决策"年会。《控制与决策》现为国内系统与控制领域的核心期刊、国家优秀期刊。"控制与决策"年会已成为全国控制领域和系统科学领域的两大年会之一，深受各高校和研究单位的重视。

尊师爱生　团结奋进

图2　与教研室成员合照

东北大学无微不至地关怀师生的生活，积极解决师生的实际问题，教研室作为基层组织更是如此。学生尊敬老师、老师关心爱护学生已形成一种教研室文化，整个控制理论教研室也因此成为一个温馨的学习、工作、生活大家庭。

我从1982年开始在东北

工学院学习、任教，妻子冷克平在辽宁财经学院（今东北财经大学）工作，长期两地分居。当时两地工作调转难度很大。东北工学院各级领导了解到我的具体情况后，对我妻子的工作调转充分理解。在学校段曰瑚教务长和导师张嗣瀛老师的支持下，师资处、信息学院和管理学院共同努力，做了大量工作，最终将我妻子调入东北工学院管理学院任教。我和妻子对此非常感激，她没有辜负学校的期望，在工作中，圆满地完成教学任务和科研任务，教学效果突出，受到校内外学生的一致好评。

1997年，张嗣瀛老师因车祸腿骨骨折，在沈阳和北京两度住院治疗。当时张嗣瀛老师和师母都年过七旬，身边只有一个女儿，护理照料出现困难。为此，教研室组织师生在医院里日夜轮流护理照料张嗣瀛老师。尽管躺在病床上，但张嗣瀛老师从不叫痛，仍然不忘阅读文献、指导学生。张嗣瀛老师战胜病魔的顽强毅力和兢兢业业的治学精神令师生感动。不幸的是，张嗣瀛老师第一次在沈阳做的接骨手术失败了，但张嗣瀛老师没有抱怨任何人，仍然积极乐观。后来，教研室又专门安排多名同学陪同张嗣瀛老师和师母到北京治疗。在北京的治疗很顺利，张嗣瀛老师的身体刚刚恢复，就马不停蹄地投入到教学科研第一线。师母曾感慨地说："多亏了这些孩子们精心照顾，否则不仅要多遭罪，而且后果还不一定是什么样呢。"张嗣瀛老师关爱青年，桃李天下。他的成就赢得了同事和同行的钦佩和赞誉，受到学生的敬仰。

优良传统　持续传承

为了继承与发扬老一辈的优良传统、激励与培养年轻一代，张嗣瀛老师的学生在2013年发起成立了"张嗣瀛励志奖学金"，以奖励学风端正、学习勤奋、成绩优良的控制理论方面的博士研究生。控制理论教研室注重国内外的交流与合作，与美国、德国、日本、新加坡、荷兰、澳大利亚等许多国家的专家、教授保持良好的科研合作关系，邀请国外专家讲学，派遣师生到海外学习，大部分教师也因此具有海外留学经历。

控制理论教研室先后培养出长江学者、杰出青年、专家、教授等一大

批控制领域的人才。他们中间一些人已成为我国控制领域研究的带头人。随着国家经济的持续发展，国家逐年增加教育经费和科研投入，国内各高等院校和科研院所均有着长足进步，高校之间的竞争非常激烈。东北大学位于东北老工业基地沈阳，由于历史原因，沈阳的经济发展速度落后于东南沿海地区，而冶金工业部的撤销对东北大学的发展也产生了一定的影响，但东北大学自动控制学科始终保持国内领先地位。

在张嗣瀛老师的关心和培养下，新的一代教师逐渐成长和成熟，当年留校的青年学生成为第二代教学科研的主力。目前，学校条件设施大为改善，教学科研经费充足。杨光红、赵军、井元伟等继承老一辈的优良传统和风范，兢兢业业、踏踏实实地坚持在控制理论教学与科研的第一线，并且都开辟了各自的研究方向，带领研究生进行新的探索和研究。东北大学控制理论研究蒸蒸日上、后继有人、前途无量。

我作为控制理论教研室的第二代教师，十分感谢学校各级领导的关怀和支持，感谢前辈的殷切培养和教导，感谢众多同事和同学的热情帮助。没有党和国家的政策，没有东大人坚持不懈的奋斗，东北大学不会发展如此迅速，我们控制理论的研究也不会保持国内领先地位。作为退休老教师，我为东北大学的快速发展而骄傲，为东北大学控制理论的研究成果而自豪，深信东北大学的未来会更加美好。

难忘的电工原理教研室

殷洪义

作者简介

殷洪义（1945—），辽宁辽阳人，工学硕士。曾担任电工原理教研室主任，党支部书记。兼任东北电工理论学会常委、辽宁省电机工程学会委员等职务。主要讲授电磁场、电路原理、可编程序控制器原理及应用、VB语言等课程。

1970年秋，年轻的我留校后被分配到电工原理教研室任教。当我兴奋地迈进电工原理教研室之后，发现这是一个拥有20多名中老年教师的队伍，这个教研室充满着朝气、热情和团结的气氛。电工原理教研室是一个讲授电路原理、电工测量技术、电磁场理论的电类技术基础课的教研室。我自从进入教研室就讲授这些课程，一干就是35年。

尊前辈学榜样　重业务习做人

这个教研室是培养青年教师的沃土。教研室的老教师把新来的青年教师看成教研室的未来。他们注重青年教师的培养，并且把育人工作放在第一位。吴宗怀是一名人品正直、学术水平极高的老教师。在我给吴宗怀老师助课时，他不仅板书工整、语言精练，还在怎样做人方面为我做出了榜样。举一个小例子，20 世纪 70 年代学校对政治学习抓得很紧。每周三下午都要召开一次教研室会议，在会议上学习政治材料、讨论教学工作。会议结束以后，全室教师一起行动起来对教研室、实验室进行大清扫。每逢这一天，吴宗怀老师都从自己家里带来一个脸盆。一旦会议结束，他就叫我和他一起清扫厕所。有的时候，他累得满头大汗，叫他休息一下，他哼也不哼一声继续干。老教师这种不怕脏、不怕累、抢着干重活的精神，给我留下了深刻的印象。

图 1　1995 年在莱钢参加冶金部可编程序控制器研修班

教研室的老教师对教学工作勤勤恳恳、任劳任怨的态度，也给青年教师做出了表率。1970 年，一批工农兵学员来到学校，他们渴望知识、渴望学习，国家也十分希望他们成才。记得陈绍龙老师带领我指导 1972 届学员到沈阳低压开关厂实习时，看到有的学员不懂什么是电、什么是电气设备，陈绍龙老师十分着急。为了让学生能够学到更多的知识，他不顾自己身体多病，不分昼夜地为同学们编写了小册子《接触器的原理和应用》。这是一本专门为新学员下厂实习使用的上万字的实习手册。该手册从电磁场、电流、电压和电磁力的概念出发，一直介绍到电气的工作原理和实际应用。在完成了手册的编写工作之后，我问陈绍龙老师："累坏了吧？"他回答说："学生如果能看得懂、学得好，我们付出多少辛苦都是应该的。"

教给学生一桶水　自己须有十桶水

教研室对青年教师的业务水平要求很高，要求青年教师不仅要掌握知识，还要了解教学艺术；对知识不仅理解得要深，知识面也要宽。记得一次实验课上，吴宗怀老师给了我一套电子方面的练习题，让我两个小时内在实验室做完交给他。当时我有点奇怪，这本不属于我所负责的教学内容呀。但是，吴宗怀老师告诉我：掌握高等数学、大学物理、电子技术和电机原理知识，也是对我们电工原理教研室的教师的基本要求。这使我理解了，要教给学生一桶水，自己必须要有十桶水的具体含义。

图2　1994年参加东北电工理论学会第九届学术年会

教研室对青年教师的要求不仅停留在理论方面，也很注意对青年教师实践能力的培养。教研室主任于成文老师特别注重实践研究。他经常督促我到实验室里去搞研究，到实践中去学习。1986年以后，于成文老师带领教研室部分中青年教师与科研院所、工厂合作，在实际生产中磨炼自己，在实践中解决实际问题。十多年的生产实践活动使我的理论教学能力和实践研究能力都有了很大的提升。

图3 在抚钢参加成人教育学院（函）毕业答辩

教研室鼓励青年教师参加教学活动。1976年，教研室的创始人周孔章教授发现国外高校在电路原理课中增加了"状态方程"的有关内容。他就给我布置了一个任务，让我准备试讲"状态方程"一章的课程，并给了我一本相关的外文图书。周孔章老师鼓励我："要大胆接受任务、认真消化内容、一丝不苟备课、放下包袱讲课。"这次试讲是我能尽快走上讲台的重要一步。

上好每一堂课　做一名好教师

教研室重视教师水平的提高。1980年，东北工学院为了提高现有教师的水平，组织了"师资培训班"。听到这个消息，周孔章教授来到我的住处，从我个人成长的角度和教研室发展的需要等方面动员我参加"师资班"。这次谈话使我感受到领导的关怀。这次学习也使我终身受益。经过几年的学习，我找到周孔章老师，告诉他我要进行论文答辩了。周孔章老师听到这个消息后非常高兴。他以教研室主任的身份积极为我的论文组织了答辩。在答辩会上，他嘱咐我要做一名好教师。

图 4 参加学校组织的"师资培训班"

教研室的一个重要工作就是研究教学理论、研究教学方法。教研室根据教师年龄、所讲课程、所教年级的不同，把教师编成不同的教学小组，以小组为单位讨论教学大纲、教学日历、教学重点、教学难点。1978 年，陈绍龙老师担任我所在小组的组长。陈绍龙老师曾经借给我一份他的教学大纲，上面的教学重点、教学难点写得十分精细，并且在教法上如何处理都讲得十分清楚。他鼓励小组内的教师互相听课、互相评价、共同提高。记得我给 1978 级学生上课时，我和李世春老师被分到陈绍龙老师领导的教学小组中。一天上午，我去听李世春老师的直流电路的习题课。课堂上，李世春老师从例题选择、解题思路和问题讨论三个环节展开。一堂课下来，李世春老师的精心安排、精准讲解和热烈讨论，使我了解了上一堂课教师所要花费的精力，也使我明白了怎样才能上好一堂课。

教研室也要求教师认真批改作业，做好每一次课后辅导答疑。于成文老师和我讲："批改作业既能看到学生的学习情况，也能看出自己的教学效果。课后辅导答疑也是我们教师向学生学习的绝好机会。"

50多年过去了，当年进入电工原理教研室的青年教师都已经变成了老教师。回首过去的时光，好多事情都已经忘记了，唯独在电工原理教研室的日子总是令人念念不忘，忘不了那些敬爱的老师的音容笑貌，忘不了那神圣的讲台，忘不了那熟悉的教学环境，忘不了那孜孜以求探讨学问的精神。

在东信遇见"社会名流"

裴新才

作者简介

　　裴新才（1936—），辽宁开原人，本科学历，信息学院自控系工业电子学专业教研室教师。

　　1991 年秋，我在学校收到日本驻沈阳总领事馆发来的一封请柬，请柬上写着："请参加日本驻沈阳总领事到任招待会"，末尾的署名是"日本驻沈阳总领事高桥雄一"，地点是凤凰饭店。凤凰饭店是当时著名的大饭店，位于北陵辽宁大厦北。高桥雄一总领事与我素昧平生，为什么刚刚到任就请我，我感到好奇，想一探究竟。

忆往日初识"名流"

秋天，蔚蓝的天空上浮动着朵朵雪白的云，它驱走盛夏的酷暑，故而天气凉爽宜人。我乘车从学校出发，途经文化路立交桥、青年公园、市政府后，进入黄河大街，一路向北前行。街道两旁林立着高楼大厦、宾馆、酒店、商场和超市，一片繁华景象。改革开放后，中国，当然也包括沈阳发生了翻天覆地的变化，人们的日子过得越发好，整个社会也都是一片欣欣向荣的景象。我欣赏着一路美景，脑子里也不断思考。不知不觉，车已开到凤凰饭店，一个高大全新的豪华大饭店映入眼帘。停车场已停了许多轿车，看来今天这里必是高朋满座、贵宾云集。

图1　1983 年的沈阳凤凰饭店

我准时赴约，下午2点到凤凰饭店一楼餐厅门口，交请柬后签名。步入一看，餐厅很大，摆满桌椅，前边有七八米长的餐台，台上摆满了一百多种美食佳肴，随意选取。我不想坐在大厅中央的显要位置，就选了西边靠窗户有空位的餐桌。刚坐下，旁边一位年近六十、神情严峻、颇有威严的长者问我："你是哪个单位的？"我回答："东工。"他又问："做什么工作的？"我回答："教师。"社交谈话从盘问开始有点不合常规，这位长者再次看了看我，仔细打量了一下说道："啊！你是社会名流。"听闻此言，我心里觉得好笑，我怎么能是社会名流呢？于是，我反问道："您贵姓？""丛正龙。"这又有点不合常规，我问姓，他报了全名。我立刻礼貌地叫了一声："丛省长！"万幸我还知道丛副省长之名，不过从未见过面。如果他只说姓不说全名，我还不知道这位长者竟是省长。我不善言辞，其实，在这种场合比较好的说法应该是"久仰久仰，幸会幸会，省长好！"我猜想丛省长应该是参加这次招待会来宾中地位最高的官员，参加这次招待会的人绝大多数是省市的官员，他们当然认识丛省长，坐在省长旁边也许会觉得受约束、不自在，所以省长旁边有空位。我这个不知深浅的人，见有空椅子就坐上去了。如果我知道省长坐在这里，我也是会回避的。

我想，参加这次招待会的第一大收获是我成了"社会名流"。省长说我是"社会名流"，怎么能说错了呢？我是学电的，知道电子在导体内流动谓电流，汽车在高速公路上行驶谓车流，我和名人在一起则必然是"名流"了。

招待会结束之后，我走出凤凰饭店，沿着来时的路往回走。秋风送爽，头脑也清醒了许多。回头再看一眼凤凰饭店，同时看见不远处出现一座美丽的宫殿，金碧辉煌，璀璨夺目，将墨绿的树海松林点染成一片金黄。啊！那是北陵公园的隆恩门、隆恩殿和东西配殿。我看着它总有一种莫名的熟悉感。我想起我在初中春游时来过这里，当时食堂给我们每个孩子两个大的白面馒头和一瓶八王寺汽水，放在小黄书包里带着，当时这是我心中最好的春游餐了。我和老师、同学们在北陵公园的苍松翠林之间走啊、玩啊、吃啊、喝啊，欢乐至极，仿佛那是当时最欢乐的日子。40多年过去了，而今我已过知天命之年，懂得尽人事、听天命的道理。但我仍旧不放弃努力，不停止学习；只是不刻意、不强求、不勉强，顺其自然、安其所遇、乐其所有而已。也许这就是岁月带给人的成长和蜕变吧。

念昨日"幸识"总理

当然，和名人在一起参加招待会，或者在某些地方看见了名人，肯定不能说明自己就一定是"社会名流"。记得那是1961年春天，学校组织学生去南站欢送周恩来总理。那时我是工业电子学专业教研室副主任兼管学生，我带了一个班的学生去了。学校总带队人是当时担任校党委书记的柳运光。周恩来总理乘坐的专车是画有黄色横条纹的老式绿色车厢，车窗是上下拉

开的。我们站在安全线上，车徐徐向南开。只见周恩来总理面带笑容，神色和蔼，频频挥手致意。我们也笑着向周恩来总理用力挥手，想要一睹伟人的风采。我睁大眼睛看总理，不敢眨眼。周恩来总理的下颌有些白里透着青色，我当然知道这是因为总理是美髯公嘛。当时我和总理最近的距离大约有1米，可以说是近距离目睹了周恩来总理的英姿。

图2　东北大学小红楼原址

叹岁月感念母校

托母校的福，我见过一些名人，但我不是名人，更不是社会名流。

我想回校后绝对不能对领导和同事说我是社会名流。我平时工作就在主楼西一楼拐角的教室，虽有窗户，不过一年四季进不来阳光，是主楼最阴暗的地方。我在这里工作了十多年，培养了8名研究生，直至退休。那时我和我的研究生以及共同工作的同事整天在这里忙着，设备和仪器把这间教室摆得满满的。如果我自报"社会名流"，恐怕马上就有人揭发我是假冒伪劣，遭到诽谤。行高于人，众必非之，还是低头做人好，少说多干。记得儿时看的二十四孝故事中有个老莱子，"周老莱子，至孝，奉二亲，极其甘脆，行年七十，言不称老。常着五色斑斓之衣，为婴儿戏于亲侧。又尝取水上堂，诈跌卧地，作婴儿啼，以娱亲意。"这个故事也能描述我与东大的情感情缘。

图3　与记者同游东北大学校园（左一）

东北大学是我的母校，我在您的怀抱与关爱中茁壮成长。八十有五亦言不称老，本想学老莱子着童装、执玩具戏舞于母亲旁，又怕别人不理解，说我老来疯狂。但又一想，这是我给母亲讲故事，说什么、怎么说别人管得着吗？我写过学术论文，学术论文要从学术科技发展前端前沿去写，写出独创性，写出新水平、新高度。老莱子是春秋时期楚国的隐士，几千年过去了，完全照搬老莱子套路去做也颇为乏味。故将陈封多年的一段趣事说给母亲听，在母亲面前吹牛、撒娇、卖萌，以娱母亲开心一笑，笑能长寿，借此也表达我对母校最诚挚的祝福和期待。东大现在发展得越来越好了，我辈即使上了年纪，但还是对东信的发展非常关切，也对当下我们取得的成绩感到欣慰与激动。现在的环境越来越好了，我们搞研究搞学术的条件也越来越好了，我们要鼓励学子孜孜不倦地努力，利用好现在的条件和机遇，我希望能见证东信进一步的发展和飞越。

时代在不断更迭，我在东大度过了人生中最有活力和激情的时光，我对东信的爱历久弥新。时间流逝，但我对母校的爱不会消失，东信永远是我的家，东信在，家就在，我就在。我和东信的故事数不胜数，每每和老友谈起，都如数家珍。我们都很珍惜这段相互帮助、共同科研的时光。希望我的母校能继续前进，为这些心有抱负的学子提供一个坚实的平台。

我与国际学术组织共成长

金智贤

作者简介

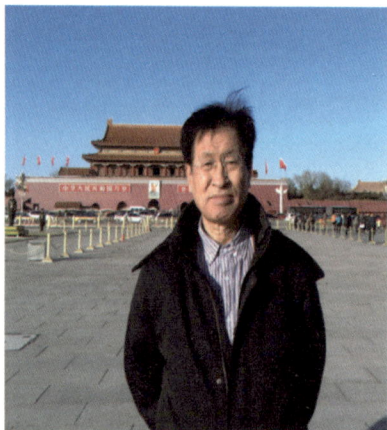

金智贤（1941—），黑龙江庆安人，教授，东北大学信息学院自动化仪表教研室退休教师，现任国际粉体检测与控制联合会理事、常务副秘书长。

　　国际粉体检测与控制联合会（以下简称"联合会"）从创办以来，已走过 34 年的发展历程。其间，联合会总部和秘书处的共产党员依靠全体会员的支持，艰苦努力，保证了联合会的健康发展。

初创组织　万般艰辛

　　1988 年 9 月 21 日是一个令我永生难忘的日子，虽然距今已经过去 30

多年，但那一天的细节仍然牢牢地保存在我的脑海里。1988 年 9 月 21—24 日，我们在沈阳友谊宾馆举办了第一届国际粉体检测与控制学术会议，这是首次在中国由中国学者主办的粉体检测与控制领域大型国际学术会议，一直到今天，我都为之骄傲。在时代的汹涌浪潮中，有一个角落竖起了中国制造的里程碑，碑身留下了我们的汗水。它代表着中国在奔赴国际化的漫漫征途上，有我们的心血和足迹。

台上一分钟，台下十年功。为了把这次会议开好，我们团队的教授，以及省市机关的领导在背后默默地付出了许多努力。这次会议是由沈阳市科协国际部和东北工学院仪表教研室共同发起的。当时推举仪表教研室主任张宏勋教授担任大会主席，他专业知识过硬，科技成果显著，德高望重，是整个大会筹建的核心，也是国际粉体检测与控制联合会首届理事长。大会还邀请我校王师副校长任大会秘书长，沈阳市科协国际部赵洪文部长任筹备组秘书长，我和张宏勋教授负责主编会议的学术论文集。当时仪表教研室和党支部动员了全体党员和教师，筹备了整整 2 年。在这艰难的 2 年里，教研室全体教师埋头学校图书馆，查阅国外期刊，搜集有关学术论文的作者及同行。在有限的时间里，邮寄了数百封会议征文通知，群策群力，终于成功地举办了这届国际学术会议。毫不夸张地讲，这是一次让中国学者扬眉吐气、走上国际学术舞台的重要会议。在那个年代，这些老师、教授代表中国学者，向世界展示了过硬的科研力量。

会议得到了各国与会学者的高度重视。来自 18 个国家的 24 位学者专家一致认为，本次学术会议是国际粉体科学技术领域的重要会议。日本粉体工学会的创始人、日本粉体领域的开创人井一谷刚一教授也参加了本次大会，并发表了题为《日本的粉体技术》的论文。时至今日，他的论文对我国粉体科技的发展仍有很好的指导意义。为了使粉体检测与控制领域的国际学术交流活动能有组织和有序进行，方便日后大家沟通与联络，与会的 18 个国家的高校和有关学术团体联合发起并在中国成立了国际粉体检测与控制学术会议常设委员会。至此，我们多年的努力终于有了回报，我们让世界看到了中国科学工作者的执着精神与不输发达国家的粉体检测水准。

图 1　2015 粉体检测与控制高端学术研讨会全体人员合影

经过 3 年紧张的筹备，我们准备好了材料，终于在 1991 年向中国科协提出组建国际粉体检测与控制联合会的申请，几经周折，经过国家科委、冶金工业部、中国科协等多层有关部门同意上报国务院。此后，又是 4 年漫长的等待，1995 年 5 月，国务院终于批准组建国际粉体检测与控制联合会，随后在民政部正式注册登记，总部和秘书处设在东北大学，在业务上隶属中国科协领导①。我们的联合会终于成为由民政部直接领导的境内国际社团②。我仍记得接到联合会正式诞生的消息时，热泪盈眶，一种难以言喻的满足与自豪涌上心头。许多年来，委员会的成员，国内外相关领域的教授，许许多多的业内同人为了联合会的成立四处奔走，大家付出了太多心血。而党和国家、地方领导、学校和学院给予我们极大的支持，他们用最大的努力为我们科研工作者遮风挡雨，让我们可以专心于科研，不必操心琐碎的审批材料、繁杂的申请流程。可以说，联合会的顺利成立，既离不开实验室的教授、学者，也离不开这些可爱的人的保驾护航。

---

①　在隶属中国科协的全部 217 个学会中，只有国际数字地球学会、国际动物学会和我联合会是国际学术组织。

②　我国共有近 40 个总部设在境内的国际社团，东北地区只有吉林大学的国际仿生工程学会和我联合会。

不忘初心 奋力前行

　　联合会涉及的学科领域广泛，都是各国科技和产业界共同关注的重要领域。在冶金、化工、电力、建材、军工、能源、农业、航天、环保、医药、材料等领域的生产过程中，通常是将块状物料研磨成粉，以达到高效、节能、安全、便于运输等目的。粉体表面改性和加工是提高材料性能、扩大应用领域的重要方法。这样一来，粉体领域的深度研究显得迫在眉睫。我们在该领域研究的每一个小坎坷、耽搁的每一天都可能造成低效浪费，这大大坚定了我们研究的决心。

　　不仅如此，超细微粉体的应用可能在医疗、医药、新材料、国防等领域取得突破性的进展，甚至有可能一举解决让这些领域停滞不前的历史难题。由于粉体物性有别于气体、固体、液体，其检测与控制规律均与常规方法不同，粉体特性的检测已成为影响粉体材料高效应用的关键技术。这就涉及采用电子、激光、超声等相关的物理方法研究各种检测传感器。粉体检测与控制直接影响产品的质量、产量，已成为世界检测技术与控制领域内许多专家学者关心的热门研究课题，许多国家已经将它列为重大的发展技术，投入大量的人力、物力。多学科领域交叉的研究方向让粉体技术的进步难上加难，因此建立一个联合会，把精通各个研究方向的专家荟萃一堂显得尤为重要，互帮互助，合作共赢，让每一名科研人员都能站在巨人的肩膀上去探索人类未知的未来。毫不夸张地讲，联合会的成立对于提高世界范围内粉体领域的研究效率与提升研究热情是大有裨益的。

　　因此，联合会的学科领域得到了各国的重视，国际学术交流和人员交往愈加频繁，国际合作更加广泛。从 1988 年 9 月至 2020 年 11 月，联合会在国内共举办了 13 届本领域的国际学术会议，得到各国学者近 2000 人次的积极响应和参与，并发表论文 1200 余篇。同时举办 40 余次国内学术会议和展览展示活动，极大地促进了国际粉体领域的科技和产业发展。随着联合会的大力推广与宣传，国家对粉体科技的认识与日俱增，对技术开发的重视程度和投资力度也越来越大，已经在部分高校设置了粉体学科专业。

到今天，我国粉体科学技术领域的学科和产业发展已经迈入国际先进行列。

图2　2016年第四届国际粉体检测与控制联合会会员代表大会部分人员合影（右五）

多年来，在理事长谢植教授领导下，联合会的发展态势欣欣向荣，先后在中国成立了以清华大学为大本营的国际粉体检测与控制联合会工业应用委员会和根植于东北大学的国际粉体检测与控制联合会工业防爆技术创新联盟。各分支机构已经建立了全国几百家企业、科研院所的联系网，广泛开展学术交流、技术培训、展览展示等活动。正式成立20余年来，联合会已成功举办了四届会员代表大会，完成了四届理事会的换届选举。目前，理事会共有31位理事（22位外籍理事），会员队伍遍布10个国家。在理事会领导下，联合会积极开展国际学术交流和人员交往。在新型冠状病毒肺炎疫情肆虐全球的逆境中，联合会总部积极支援和动员各国理事，抗击疫情。同时，各国理事仍然坚持开展网上学术交流和技术培训，这也是联合会自新型冠状病毒肺炎疫情爆发以来取得的重要成果。为了贯彻落实习近平新时代中国特色社会主义思想，加强党对国际社团的领导，2016年，在东北大学信息学院党委书记武建军的关怀和领导下，联合会成立了秘书处党支部，由联合会秘书长、法定代表人李新光教授任党支部书记，强化了党对国际学术组织的政治引领。在党组织的直接领导下，联合会作为国际学术社团，发展前景更加广阔，会员队伍迅速壮大。

国际粉体检测与控制联合会是中国学者创办的，它已成为总部设在中国、在国际上有着重要影响的国际学术组织之一。我们热烈欢迎我国的专家学者踊跃加入和积极支持联合会的发展，为联合会注入新鲜的血液，为我国的粉体科学技术发展和经济建设做出新贡献。中国共产党已成立百年，有幸见证党的光辉历程，更以自己是一名共产党员而骄傲和自豪，我愿为东北大学、为国际粉体检测与控制联合会的科研事业奋斗终身。